Regarde dans le miroir

Julie Bocquet

lucpire éditions

lucpire éditions

Éditions Luc Pire [Renaissance SA]
Avenue Château Jaco, 1 – 1410 Waterloo
Éditions Luc Pire
www.editionslucpire.be

Regarde dans le miroir
Graphisme : [nor]production
Corrections : Catherine Meeùs
Photo de couverture : Carl Delacauw
Cahier photos : collection privée
Imprimerie : V.D. (Temse)

ISBN : 978-2-87542-175-3
Dépôt légal : D/2018/12.379/13

Regarde dans le miroir

Table des matières

Les arbres possèdent des racines
Des feuilles, des branches, un tronc
Long est leur chemin
Leurs racines puisent de la nourriture
Et le tronc se charge de la distribuer

Les humains ont des racines
Où ils trouvent leur origine
Dans un lointain passé

Les arbres ne pourraient jamais exister sans sol
S'ils sont déracinés
Ils n'existent plus

Les gens sont comme les arbres
Sans sol et sans racines
Aucun homme ne peut survivre

Note de l'auteur

Les premiers parents dont j'ai eu conscience étaient mes parents adoptifs. Comme tous les enfants, je les ai spontanément appelés Maman et Papa.

Je souhaite conserver cette habitude dans le livre.

Mes racines, ce sont l'homme et la femme qui sont à l'origine de mon existence. Ce sont mon père et ma mère.

Avant-propos

Ce livre a pour but de décrire les émotions complexes générées par mon adoption.

Je l'ai basé sur ma propre expérience, sans tenir compte de l'intention ou du ressenti des autres intervenants. J'ai tenté de relater ce que j'ai vécu sous un jour unique et personnel afin de traduire mon cheminement psychologique. Toutes les situations, tous les êtres intervenant dans mon histoire ont été présentés tels que je les ai perçus et « vécus ». Des incohérences peuvent donc jalonner la trame de ce témoignage.

Il s'agit de « ma » vérité, et non de « la » vérité.

Pour mes quatre parents et mes enfants

Merci à ma mère
de m'avoir donné la vie
et d'avoir tenté d'explorer, avec moi, sa perception sensible
de l'existence.

Merci à mon père
de m'avoir transmis la richesse des émotions et des passions
et de lui ressembler intimement…

Merci à mes parents
d'avoir toujours été là,
et de ne jamais m'abandonner…

Merci à mes enfants
d'être mon bien le plus précieux
et ma raison d'être…

Préambule

Le tissu roule sous mes doigts. Le délicat imprimé de la robe, déposée sur le lit, surgit d'une nuée de papier de soie. Il me faut la revêtir avant de contempler mon image…

Serai-je celle que l'on attend ? Aujourd'hui tout particulièrement ?

Pour la première fois, je suis conviée, avec mes parents, à un dîner réunissant deux autres couples et leurs enfants. Je ne redoute pas fondamentalement cette expérience, je sais que je saurai me montrer à la hauteur, que je ne « décevrai » pas. Je ferai tout pour cela. Une fois encore, mon désir absolu de bien faire fera taire mes appréhensions… Une fois encore, je vaincrai cette timidité, laissant éclater mes qualités de « petite fille modèle », si jolie, si gentille petite Julie…

De belles manières, une robe neuve, une coiffure classique… Une question d'éducation, en somme. J'interroge mon reflet dans le miroir… mais quel est ce voile qui assombrit mon regard ?

Je viens d'avoir 8 ans.

Le repas est joyeux. Les enfants eux-mêmes ont le droit de participer un peu à la conversation. J'apprécie la présence de mes deux meilleures amies et aussi d'échanger avec ce jeune garçon, plus âgé que moi, qui se montre à la fois drôle et chaleureux. Mais le lustre de sa chevelure, le grain bistre de sa peau m'interpellent, m'intriguent…

Il faudra bien que j'apprenne d'où viennent ces questions qui me taraudent…

Je dors très mal, je vois poindre le jour… Je redoute de mettre un pied dans ce dimanche que j'appréhende, même si, confusément, je l'attends. Me sera-t-il source d'apaisement ? De déception ? Esquivera-t-on mes questions ? Seront-elles éludées ou accueillies avec bienveillance ? Sans me l'expliquer, je pressens le malaise qu'elles feront déferler sur ma vie…

Au lever, je m'adresse à Maman tout en contemplant mon image dans le miroir de la salle de bains. Je m'autorise, enfin, à exprimer à brûle-pourpoint la question qui me ronge : « Comment se fait-il que ce garçon soit brun de peau alors que ses parents ne le sont pas ? »

Imperturbable, je fixe le miroir sans sourciller, sans doute par crainte de croiser son regard. Et soudain, elle parle… Lentement, posément, elle évoque l'histoire de cet enfant né de parents démunis, contraints de renoncer à l'élever faute de moyens. Ce même enfant a donc eu la chance d'être accueilli, dans un foyer aimant, par « d'autres parents » dont le seul but était de lui offrir un avenir sans nuages.

Ces mots entrent en moi comme par effraction… Ma tête et mon cœur chavirent… Comment imaginer un instant que des enfants ne grandissent pas auprès de leurs parents ? Comment un enfant, issu du ventre de sa mère, peut-il échouer auprès d'une autre mère ? L'injustice d'une telle situation, que je ressens comme « contre nature », me choque infiniment… Mais je mets aussitôt fin à ma révolte. Selon moi, les enfants adoptés se doivent d'être reconnaissants envers leurs parents adoptifs. La tension dans la voix de Maman est perceptible. Je ressens soudain une envie irrésistible de fuir… comme si je voulais éviter d'entendre la suite, comme si je voulais m'en protéger… Et là, surgit cette phrase qui balayera tout et me plongera dans cette évidence crue : « Nous avons également recueilli un enfant… » et moi, dans ma naïveté, me tournant enfin vers elle et criant presque « Qui ??? » La réponse fuse et tombe comme un couperet : « Regarde dans le miroir… » Je regarde à nouveau ce miroir… Mon image familière s'est estompée, faisant place à une étrangère… La Julie insouciante d'hier a disparu.

Qui suis-je ?

Partie 1

Ma vie d'enfant

Suis-je une enfant de l'amour ? Une question qui hante ma vie… L'histoire de Claude et Fabienne

Fabienne, benjamine d'une fratrie de quatre enfants, grandit en Flandre, dans le Nord de la Belgique. Sa mère est mère au foyer et son père se consacre totalement à sa fonction d'ingénieur civil au sein de sa propre société.

Durant l'été 1974, la famille de Fabienne passe ses vacances au Cap d'Agde quand, à la demande de S., sœur de Fabienne, ils assistent le 23 juillet au concert donné par Claude François à Port-la-Nouvelle.

Enchantée, Fabienne tombe immédiatement sous le charme de la musique et de la magie du spectacle et lorsque s'évanouissent les derniers sons de la chanson *Pardon*, qui clôt le spectacle, elle se promet de revoir ce magicien qui a su la toucher au plus profond de son être.

Pendant la maladie qui la cloître chez elle à l'automne, elle vit dans l'attente du prochain concert, prévu à Lessines le 9 novembre… Elle se documente sur la vie du chanteur par tous les moyens, elle s'en imprègne et découvre des similitudes entre leurs deux histoires. Ses chansons meublent sa solitude, elle admire sa joie de vivre communicative, l'histoire de sa vie force son admiration, sa volonté la galvanise… Cet homme solaire devient son modèle. Il nourrit désormais ses rêves et sa vie.

Lors d'un autre séjour au Cap d'Agde à l'été 1975, elle apprend que Claude François est l'invité de Sud Radio. Elle s'y rend, munie d'une photo, dans le but de la lui faire dédicacer. Il l'invite alors à assister à l'émission à ses côtés et c'est durant ces moments privilégiés qu'ils se parlent pour la première fois. Claude est curieux de tout ce qui la concerne et l'invite avec S. à assister le soir même au concert qu'il donne à Béziers. Celui-ci se déroule dans de très mauvaises conditions. Des problèmes d'électricité, ajoutés à l'attitude peu respectueuse d'une partie du public, le mettent hors de lui. Il expulse tous ceux qui se trouvent dans les coulisses. Tous, sauf Fabienne et sa sœur. Il les invite à venir le voir à Knokke-le-Zoute, sur la côte belge, le 30 août 1975, et leur offre un laissez-passer pour le concert.

Fabienne ne vit plus qu'à travers lui. Peu à peu, elle perçoit l'intérêt que Claude lui porte. Cette attirance réciproque les réunit. Ils se retrouvent et se découvrent. Sa maturité et sa sensibilité alliées à sa spontanéité ont retenu l'attention d'un homme plus âgé, mondialement connu. Ce soir-là, à Knokke, il lui dédie sa chanson *Pardon*, sans la quitter des yeux… Fabienne est bouleversée. Après le spectacle, il veut l'enlacer ; surprise, elle prend peur et le repousse. Étonné, interpellé, il lui glisse un petit mot : « Fabienne, je te reverrai » et l'invite, par l'intermédiaire de S., à le rejoindre le lendemain à Bruxelles, à l'Hôtel Mac Donald, situé avenue Louise, dans un quartier élégant de Bruxelles, où il réside alors. À cette occasion, ils évoquent une foule de sujets : les concerts, la Belgique et Bruxelles, la Flandre et la langue néerlandophone, Courtrai et la Haute École fréquentée par Fabienne, soi-disant en dernière année… Fabienne met tout en œuvre afin qu'il ne découvre pas qu'elle n'est pas majeure, tandis que Claude saisit toutes les occasions de la revoir.

Il convie à nouveau les deux sœurs à Courtrai, où il se produira aux Halles le 27 septembre. Fabienne et S. sont seules autorisées à assister aux répétitions.

Ils se reverront ensuite à huit reprises en Belgique et en France, période durant laquelle ils apprendront à se connaître, tisseront une relation de confiance et d'amour : à Bruxelles, en janvier 1976, où sa relation officielle avec Sofia, mannequin finlandais, l'empêche de l'approcher ; à Wavre, près de Bruxelles, en mai 1976, où elle assiste au concert depuis l'espace VIP placé sur la scène, mais ils se manqueront après le concert ; pendant deux jours à Palavas-les-Flots, dans le Sud-Ouest de la France, en août 1976. Alors qu'ils sont au restaurant après le concert, il demande à son parolier d'écrire une chanson pour elle, dont le thème doit être semblable à sa chanson préférée, *Pardon*. Cela restera l'un des plus beaux souvenirs de Fabienne. Cette chanson ne verra jamais le jour. Suivront La Louvière, en Belgique, en octobre 1976 et deux jours à Bruxelles en janvier 1977, au cours desquels elle assiste à une répétition. Elle en profite pour lui apprendre quelques mots en flamand, nécessaires pour saluer le public néerlandophone. Ils se revoient enfin à Mouscron, près de la frontière française, en avril 1977. Il l'invite au restaurant après le concert mais les parents de Fabienne, devenus méfiants, interdisent à Fabienne de l'y retrouver. Après le spectacle, il la prend alors dans ses bras, la serre contre lui.

Lors de chacune de ses prestations en Belgique, le chanteur interroge Slim Pezin, son fidèle chef d'orchestre et ami :

« Tu n'as pas vu les petites Flamandes ? Elles ne viennent pas ce soir ? »

Ni Fabienne ni Claude ne semblent se préoccuper des éventuelles conséquences de cette intimité. Fabienne aime son regard attentif, sa délicatesse, sa sensibilité, sa chaleur… elle s'y abandonne totalement. Ils partagent ce lien secret, le préservent de toutes leurs forces, même si certains soupçons naissent dans leur entourage, sans que personne ne s'y oppose ouvertement. Elle vit pleinement ce privilège d'être aimée d'un homme tel que lui…

Fabienne est enceinte… Elle est encore adolescente.

Ce n'est qu'à cinq mois de grossesse qu'elle en prend conscience. Jamais elle ne parviendra à l'annoncer à Claude. Elle vit avec ce secret. Ce secret qui deviendra une vie, ma vie. Elle est tétanisée. Que faire ? Comment réagir ? À qui se confier ?

Le risque d'un avortement ou d'un accouchement anonyme en France la terrorise.

Sa seule stratégie de survie est de se comporter comme si ce lourd secret n'existait pas. Son ventre ne s'arrondit pas rapidement, comme si je faisais de mon mieux pour rester discrète. Est-ce que je partage cette peur ? Perçois-je l'anomalie d'une telle situation ?

Jusqu'aux premières contractions qui surgissent deux mois avant terme, Fabienne reste silencieuse. C'est le médecin de famille qui avertit ses parents le 15 mai 1977. Transportée d'urgence à l'Hôpital de Gand, seule à l'arrière de la voiture du médecin, sans personne pour la rassurer, Fabienne affronte, dans un total dénuement psychologique, le traumatisme de donner vie à un enfant auquel elle n'aura pas la possibilité « d'accorder sa place »...

Quand elle entend le cri de l'enfant, elle est soulagée. Son enfant vivra. Cette joie fulgurante est pourtant de courte durée, car le gynécologue l'informe brutalement que le bébé va lui être enlevé et proposé à l'adoption. Il évoque un couple désireux de recueillir un enfant et qui peut lui assurer le même genre d'éducation que la sienne. Confinée dans une chambre d'hôpital, révoltée, torturée, elle tente de se glisser de nuit dans la chambre de l'enfant, afin de le prendre dans ses bras, de le bercer, de le caresser... mais l'interdiction formelle qu'on lui impose a raison de son irrépressible et pourtant si légitime désir. Trois jours plus tard, elle quitte l'hôpital, contrainte d'afficher une tenue vestimentaire adéquate ne prêtant pas à confusion.

Elle ne cesse alors de supplier sa mère d'intercéder en sa faveur afin de trouver une solution pour garder l'enfant en attendant qu'elle atteigne sa majorité, mais celle-ci n'est pas soutenue par son mari.

Fabienne s'inquiète de la santé de son enfant et exige de connaître son sexe. A-t-elle donné naissance à un petit garçon ? À une petite fille ? Même cette information lui est refusée. Pour toute réponse, on lui « octroie le privilège » de donner deux prénoms : elle choisit Olivier et Isabelle... (Sur mon acte de naissance, je m'appelle Isabelle De Vleeschauwer. Ce prénom sera changé en Julie par mes parents adoptifs. Isabelle restera mon second prénom.)

Ses parents sont toutefois désespérés car, sur les conseils du médecin, on leur refuse également de voir l'enfant. Ils veulent alors que « l'oubli » s'installe le plus rapidement possible. On oblige Fabienne à faire comme si son enfant était mort…

Personne ne se bat à ses côtés, ni pour elle ni pour moi. Elle est irrémédiablement seule dans ce drame. Avec l'appui timide de sa sœur, elle tente pourtant de résister, avec fureur et détermination, à l'adoption. Mais sa crainte de l'autorité parentale la fait taire.

Pendant ce temps, les sœurs de l'hôpital me prodiguent les premiers soins. D'un point de vue médical, toutes les mesures sont prises pour préserver ma vie. Mais je ne suis pas accueillie dans un nid chaleureux. Comment vais-je survivre ? Ai-je perçu ce schisme brutal entre ma mère et moi ? Est-ce que j'éprouve de la crainte ? Suis-je désespérée ?

Le 13 juillet 1977, à l'âge de 2 mois, je suis adoptée par la famille Bocquet.

Ma mère souffre, exprimant parfois sa douleur dans un cri de détresse, mais le plus souvent en silence. Durant les mois qui suivent ma naissance, elle est d'abord envoyée pendant trois semaines en Angleterre, avec sa sœur et des amis, puis maintenue sous une surveillance familiale stricte au Cap d'Agde. Enfin, il semble qu'on lui impose un emploi de baby-sitter auprès d'un enfant de 3 mois, avant de l'envoyer au pensionnat dans l'isolement le plus complet.

Elle ne peut plus rien tenter. Son destin est scellé. Et le mien aussi. Son seul espoir est sa détermination à me retrouver. Elle ne doute pas un instant du soutien que lui apportera mon père, plus tard… quand il saura… quand elle aura atteint sa majorité… quand ils seront maîtres de leur liberté… Cet espoir, cette conviction, cette confiance qu'elle place en mon père l'aident à vivre et à surmonter ce drame. Elle se doit d'être plus forte que jamais, pour son enfant, pour son amour.

Lorsque Claude meurt soudainement le 11 mars 1978, tout s'effondre. Je n'ai que 10 mois. Dans l'entourage proche de mon père, certains affirment qu'il a été informé de mon existence. Tente-t-il l'une ou l'autre démarche ? Probablement pas… Trop d'éléments l'en empêchent, trop de choses sont en jeu…

Je suis une enfant adoptée

C'est comme si l'annonce brutale de mon adoption gomma instantanément mes huit premières années, comme si je mourais un peu. Brusquement projetée dans la réalité, je tentai de reprendre pied, sans toutefois parvenir à retrouver mon insouciance. Mon enfance se déroula alors sous le poids de cette vérité. Je me sentais éteinte, abasourdie. Si ma vie poursuivit sa route, ce fut sans éclat ni remous, je me sentais « stagner » intérieurement.

Petite, j'étais heureuse, espiègle, curieuse de la vie et je savourais avec avidité découvertes et émerveillements. Mes boucles blondes, mes yeux bleus, mes joues pleines et roses provoquaient souvent l'admiration des passants.

Un enfant est merveilleusement inattentif et inconscient…

Cependant, cette pénible révélation sema en moi le doute et l'inquiétude, provoqua une remise en question lancinante, une autocritique permanente.

L'image floue et hésitante que j'avais de moi ne cessa dès lors de me décevoir. Pourquoi mes parents biologiques m'avaient-ils abandonnée ? N'étais-je pas assez bien ? Pas assez douce ? N'avais-je donc aucune qualité ? J'observais longuement mon frère Guillaume, fils de mes parents biologiques, né 3 ans après moi... Comment faisait-il pour s'attirer tant d'amour et d'affection ? Entre lui et moi, le choix me semblait évident.

Mes images, mes perceptions étaient totalement imprégnées de ce constat de ne pas « suffire ». Je me sentais inapte au bonheur dans ce contexte. Comment pouvais-je y prétendre alors que j'avais été exclue de ma famille naturelle ?

Toutes ces réflexions alimentaient les fantasmes qui encombraient mon cerveau d'enfant. J'ai pourtant été élevée et chérie par mes parents adoptifs de la meilleure des façons. J'étais « leur » enfant. Le fantôme de l'adoption se devait d'être effacé.

Je me suis alors tournée vers d'autres enfants qui paraissaient malheureux, afin de tenter de combler leurs manques, de soulager leurs souffrances... Comme si la souffrance était devenue une part intime de ma personnalité, j'ai développé un sixième sens : je donnais aux autres, je tentais d'apaiser leurs souffrances et, par là même, de panser mes blessures, fussent-elles intimes.

Ma sensibilité exacerbée me permettait de déceler tout bouleversement profond, je devenais un « radar à émotions », mais aussi, par la même occasion, une « éponge à émotions ». Ma conscience émotionnelle explosait.

À l'extérieur, j'étais restée semblable, peut-être un peu plus calme, toujours plus « lisse », mais volontairement verrouillée et préservée. J'offrais le spectacle d'une enfant facile, j'étais volontiers prise en charge par les autres parce que je ne posais aucun problème. J'éprouvais cette obligation d'être heureuse et reconnaissante, eu égard à mon statut d'enfant adoptée. Je devais me garder d'être trop brusque, trop directe, « dérangeante ».

J'avais des difficultés à me concentrer à l'école : tant de choses me bouleversaient en permanence, m'obstruaient l'esprit. Je m'évadais, je rêvais, même en classe. Je me posais une foule de questions existentielles, malgré mon jeune âge.

À ma naissance, un oncle m'avait fait cadeau d'une peluche, un joli mouton blanc à la tête et aux pattes brunes, que j'avais nommé Zorba, auprès duquel je cherchais refuge. Quarante ans plus tard, il veille toujours sur mes nuits. Je rêvais parfois qu'il m'avait été offert par l'un de mes parents biologiques qui, à travers lui, avait tenu à me laisser quelque chose. Malgré la désapprobation de mes parents, je marquais mon entêtement : Zorba était porteur d'une force magique, il était toujours apte à me consoler et il était toujours là… Lui, il ne m'avait jamais abandonnée.

Mes premiers souvenirs scolaires sont terribles. J'ai d'abord fréquenté une petite école de village, située à Gavere, en Flandre. En deuxième année primaire, j'ai été transférée à Gand, dans une grande école de filles, très stricte, où l'on devait porter l'uniforme. Cette structure impersonnelle m'épouvantait. Je me souviens des matins où, pleurant toutes les larmes de mon corps, il fallait m'arracher à Maman. Pendant les pauses, je suppliais que l'on me permette de rejoindre mon frère dans la cour de récréation des petits pour partager quelques instants de jeu avec lui. Un enseignant compréhensif m'y autorisait parfois.

J'ai toujours redouté la solitude. Je craignais en permanence de ne pas avoir suffisamment d'amis. Je me comparais à eux et j'étais toujours perdante. Ils étaient toujours plus beaux, plus intelligents. L'amitié qu'ils me portaient me flattait, me valorisait. J'étais prête à faire n'importe quoi pour leur plaire, pour ne pas avoir à affronter l'école seule.

La maison me semblait trop vaste pour que je m'y sente en sécurité et en harmonie. Composée d'un rez-de-chaussée et de deux étages, elle était entourée de deux grands jardins et d'une prairie. Elle abritait non seulement notre vie de famille, mais aussi les bureaux de mon père, installés au second étage. Je préférais la sérénité et le calme de ma chambre. Le stress occasionné par l'agitation des bureaux, du travail à accomplir me la rendait parfois inhospitalière. J'ai toujours apprécié voyager avec mes parents car les petites maisons ou les appartements de location, plus intimes, me convenaient davantage. La vie était libérée du stress du travail, nous donnions alors l'image d'une famille chaleureuse.

Mes parents n'avaient pas beaucoup d'amis, leur priorité était d'aimer leur famille et de la mettre à l'abri. Ils n'allaient jamais loin, mais partaient parfois en couple. C'était pour moi l'occasion de partager la vie de famille de l'une ou l'autre amie. Ces brefs séjours ne m'ont laissé que de bons souvenirs, même si, malgré tout, j'éprouvais un peu de jalousie : grandir au sein d'une famille avec laquelle il me semblait partager tant de similitudes génétiques et psychologiques, où régnait une communication ouverte en permanence et où même une querelle pouvait être chaleureusement accueillie.

J'avais l'habitude de faire des merveilles, je pouvais tout gérer et avec n'importe qui, j'étais citée en exemple, et pourtant, cette attitude dissimulait une blessure. On se perd si on s'ajuste continuellement aux souhaits des autres…

J'étais la plus grande de la classe, j'ai été pubère tôt. J'évoluais rapidement, mais au lieu d'en concevoir de la fierté, je me sentais de plus en plus étrangère. Chaque jour, je décelais cruellement des différences palpables entre mes parents et moi.

Maman régnait avec perfection sur l'organisation de la maison. Sa priorité était de nous réserver une vie saine, la nourriture se devait d'être de première qualité. Tout cela revêtait pour elle une importance capitale. Toujours focalisée sur le bon déroulement de la vie familiale, visant l'excellence dans son rôle et partagée entre ses tâches ménagères et l'aide ponctuelle qu'elle apportait à Papa, elle était rarement détendue.

Papa, personnalité calme et travailleur acharné, écrasé par ses multiples tâches, se contentant de peu, m'apportait une quiétude réconfortante et j'appréciais les quelques moments de liberté que nous partagions. Cependant, alors qu'un jour quelqu'un m'avait trouvé des ressemblances avec lui, je fus partagée entre le rire et la révolte… Cette ignorance me blessait mais me procurait également quelque soulagement : je n'étais donc pas si « différente » que cela.

La personne qui m'apportait le plus de joies pendant ces années était ma grand-mère maternelle, mon héroïne. Bomi était stricte, mais comme j'aimais son impatience, son comportement espiègle, son esprit frondeur ! Elle fonçait, elle ne craignait rien ni personne. Parfois, certaines de ses attitudes ou de ses remarques m'interpellaient, mais je savais que ses petits-enfants représentaient tout pour elle. Un seul regard et nous nous comprenions. Les mots étaient superflus. Nos échanges verbaux étaient restreints. Mais je l'aimais, et elle me le rendait si bien !

Mon père

À 12 ans, j'ai appris que mon père était un chanteur très connu et qu'il était décédé. J'ai commencé à questionner mon entourage. Qui étais-je ? Étais-je autorisée à exister ? Aurait-il été préférable que je ne sois pas née ? Où pouvais-je trouver ma place ?

La révélation eut lieu un soir, après le dîner. Je me rappelle être restée dans la cuisine. Les questions sans réponse s'imposaient en un tel tumulte que j'eus soudain le courage d'interroger mes parents. Je ne pouvais rester dans cette ignorance. Cette conversation s'imposait. C'était peu de temps avant ma puberté. « Qui sont-ils ? Comment suis-je venue à la vie ? Quelles sont les circonstances qui entourent ma naissance ? Qui suis-je en réalité ? » Autant de questions que je m'autorisais enfin à leur poser. Je perçus un malaise grandissant qui s'infiltrait entre nous. Un vent froid et soudain s'abattit sur nous, assis autour de la table de la cuisine… Papa, silencieux, se tenait prudemment à l'arrière-plan. Maman, contenant difficilement sa nervosité, était assise sur le bord de sa chaise.

L'histoire était loin d'être un conte de fées… Cela m'apparut cruellement. Ils tentèrent de m'expliquer qu'ils m'avaient sauvée alors que j'étais prisonnière d'une pénible situation, qu'ils avaient pris soin de moi avec tout leur amour. Je me sentis perdue. Chaque mot, chaque phrase m'atteignait profondément. Selon eux, ma mère était très jeune, irréfléchie, presque « facile ». Mon père était célèbre, adulé par les femmes. Tout cela ne ressemblait pas à une histoire d'amour.

Claude François… Je le connaissais à peine, mais il était connu en Flandre. Cela me semblait insignifiant, « sans consistance ». Je voulais un père, qu'il soit célèbre ou pas m'importait peu. Mais il n'était plus là. Mon père était décédé. Un père dont l'identité était mondialement connue, mais qui n'existait plus pour nous, pour moi.

Devais-je le pleurer ? Comment pourrais-je éprouver de la tristesse pour un être que je n'avais pas connu ? Et pourtant… tout ce vide qui existait en moi me rongeait et je savais qu'il ne serait jamais comblé. Je considérais alors ma mère comme une victime et voyais cet homme comme un séducteur, mais cela ne m'a pas ôté l'envie de connaître mes parents biologiques.

Mon père… Je me suis enfin résolue à regarder la télévision, à découvrir sa musique. Mais je n'ai éprouvé aucune « connexion ». Je cherchais désespérément à identifier l'homme derrière l'artiste.

Ma mère… Je fantasmais sur elle. Dans mes rêves, je l'imaginais si belle, tout auréolée de sa blondeur. Un artiste avait su la séduire…

J'étais très perturbée. J'évoquais mes origines presque avec honte… Qui serait susceptible de me croire ? Se moquerait-on de moi ? Un terrible doute me tenaillait… Et si cet amour était malfaisant ? Si mes parents l'étaient aussi ? Et moi ?

C'est brisée par un sentiment de honte, de non-respectabilité que j'ai fait mes premiers pas dans l'adolescence. Je me sentais tel un être étrange, évoluant dans la partie sombre et maléfique d'un conte de fées. J'étais tiraillée entre mes deux familles. Malgré le sentiment de culpabilité que j'éprouvais à l'égard de mes parents adoptifs, je sentais que je ne résisterais plus longtemps à l'envie de découvrir mes racines.

Le vide de mon adolescence

Je garde un souvenir flou et pesant de cette période qui sépare mes 12 ans de ma majorité. Des années de grisaille, sans relief. Des questions, des incertitudes qui se profilaient telles des menaces, un mal-être latent inexpliqué.

À la puberté, chacun part à la recherche de son identité. Ma relation avec mes parents adoptifs était loin d'être fusionnelle. Trop de différences de physionomie et de caractère m'empêchaient de m'identifier complètement à eux. Il était également irréalisable de prétendre y parvenir avec mes parents biologiques, dont j'avais, à l'époque, une image négative. Je me sentais exclue de cet amalgame dont j'étais le fruit.

L'excès de protection dont m'entourait Maman m'insupportait. J'assimilais son attitude à un désir de m'empêcher à tout prix de subir l'influence néfaste de « mes gènes ». Je me souviens m'être insurgée, après une interdiction de sortie, criant « Je ne suis pas ma mère biologique ! »

Mes parents considéraient l'adoption comme un tabou. Ils préféraient nier et prétendre constituer une famille classique. Ils voulaient me forger à leur image. Mais ma personnalité, bien qu'enfouie, se distinguait néanmoins. Mon caractère rendait la tâche ardue. D'autres caractéristiques physiques et émotionnelles, des dons différents, des centres d'intérêt divergents… Qui étais-je ? Qui devais-je être ? Tout était tellement confus en moi. Parce ce que, dès mon plus jeune âge, j'avais tendance à donner un sens à mon existence… Parce que je cherchais la signification de ce qui m'était arrivé ?

La vie me paraissait chaotique, injuste. Il m'était difficile de poser des choix, je me reposais sur l'opinion et les conseils de mon entourage. Privée de confiance en moi, méfiante du monde qui m'entourait, je me tournais vers mes quelques amis. Chaque année, je devenais moins sûre de moi, et je me sentais de plus en plus inutile. Je n'étais pas assez jolie, pas assez mince, pas assez intelligente. Pas assez…

L'ambiance qui régnait à l'école secondaire que je venais d'intégrer me choqua d'emblée. Dans cette grande structure impersonnelle, j'éprouvais la sensation de « rétrécir ». L'habitude que prenaient les autres élèves de se comparer me donnait l'envie de disparaître là où personne ne me verrait. Je n'étais pas sociable. Peu à peu, je me suis fermée davantage.

Farouchement décidée à ne pas attirer l'attention, je voulais être invisible. Contrairement à d'autres, je ne portais pas de vêtements à la mode, mes parents n'y accordant aucune importance. À mon grand désespoir, j'avais de l'acné, je cherchais du réconfort dans la nourriture, j'étais ronde. Je ne m'aimais pas. Je n'ai jamais fait partie du groupe des filles populaires de la classe, je n'étais d'ailleurs pas autorisée à les fréquenter. Pour mes parents, sortir n'était pas envisageable avant 18 ans.

Je consacrais mon temps libre à lire, à écouter de la musique et à ruminer. Je trouvais de plus en plus souvent refuge dans ma chambre, dans laquelle je m'enfermais. J'ai même été contrainte de renoncer aux cours de danse que je suivais à Gand, mes parents ne pouvant plus m'y conduire. Je perdais brutalement cette passion dans laquelle, malgré la faible estime que j'avais de moi, je réussissais à progresser.

La musique m'enveloppait. J'imaginais ce que ma mère avait pu ressentir. Je suis tombée amoureuse du chanteur du groupe Clouseau. Il est devenu mon rêve, mon vol... Me rendre à ses concerts était devenu mon seul objectif.

J'aimais la quiétude que m'apportait l'amitié. Dormir chez ma meilleure amie Stéphanie, dans sa chambre, m'apaisait. Je me sentais en sécurité. Presque aimée. L'atmosphère qui régnait chez elle, souvent moins stricte qu'à la maison, contribuait à mon bien-être. Je savourais ces moments privilégiés que je cueillais çà et là.

Insidieusement, mes pensées se sont assombries, mes sentiments aussi. Je m'éteignais. L'école a tiré la sonnette d'alarme auprès de mes parents. On m'a alors fait consulter un psychiatre qui a diagnostiqué une dépression. Mes parents n'ont pas compris. Ils avaient tout fait pour moi. Qu'obtenaient-ils en retour ? Mais déjà, ils ne pouvaient plus m'atteindre. J'avais construit un mur autour de moi.

Nous ne nous sommes pas retrouvés durant cette période de ma vie. Je n'étais plus connectée à la personne qu'ils voulaient que je sois. Avec laquelle ils s'imaginaient vivre. Les restrictions qu'ils m'imposaient, comme les interdictions de sortie et leur surprotection, m'ont peu à peu réduite au silence tandis que je stagnais à l'intérieur.

Mes condisciples semblaient tellement plus heureux que moi… J'en ai conçu une terrible amertume. Ma terreur de l'échec scolaire a encore aggravé les choses. Je vivais les examens comme un drame.

Convaincue d'être rejetée, envahie par le stress et de multiples tensions, j'ai sombré dans la dépression à l'âge de 16 ans, au cours de ma quatrième année secondaire. Je suis tombée malade. La dépression m'a anéantie.

Nourrie par les nombreux livres et films que je dévorais, ma sensibilité s'est aiguisée. En l'absence d'activités sociales et de loisirs, ils étaient ma survie. Pourtant, ce choix délibéré d'isolement a contribué à aggraver mon état. Ma sensibilité me guidait inconsciemment vers des drames, des histoires vraies et émouvantes. J'ai alors développé une vision restrictive et négative du monde, qui m'apparaissait hostile et injuste.

L'adolescence s'est transformée en une longue et pénible introspection.

La quête de ma mère

La dépression, ce trou noir, le vide me rongeaient. J'écrivais beaucoup dans mon journal, des poèmes, des lettres que je n'envoyais pas.

J'ignorais que ma mère me cherchait depuis ma plus tendre enfance. En silence. Depuis toujours. À la porte de l'école. Devant chez moi. Elle était capable de couvrir de grandes distances pour m'apercevoir un seul instant.

Elle avait façonné sa vie en fonction de moi. Elle avait étudié le droit. Parce qu'elle avait subi une terrible blessure, son enfant lui ayant été enlevé contre sa volonté, elle voulait se battre. Elle trouva le moyen d'obtenir mon certificat de naissance. Elle chercha et trouva mon adresse. Elle se présenta chez nous alors que je devais être à peine âgée de 3 ou 4 ans. Nous étions absents. Mes parents, informés de sa visite, s'en alarmèrent et lui firent comprendre qu'elle n'était pas la bienvenue, qu'elle devait s'attendre à des réactions fortes. Son père effectua une nouvelle tentative en se présentant à l'improviste. Sa personnalité imposante impressionna mes parents, mais il n'obtint pas gain de cause. Mes parents voulaient que je grandisse dans un climat serein, climat qui serait inéluctablement affecté par l'irruption de ma mère dans ma vie. Ils redoutaient que son « intrusion » ne me perturbe.

Cependant, ma mère me vit grandir. Un jour, errant devant la maison, je devais alors avoir 17 ans, elle céda à la curiosité. Surmontant sa honte, elle fouilla dans les poubelles à la recherche d'un « morceau » de moi. Elle y trouva une lettre que j'avais écrite et déchirée. Elle s'en empara afin de la reconstituer chez elle. Elle comprit alors que je ne me sentais pas bien. Saisie d'une angoisse, elle décida de ne plus attendre davantage… Mais elle avait peur et redoutait qu'on ne lui ferme la porte au nez une fois encore. Une amie complice et bienveillante appela mes parents. Ceux-ci écoutèrent et acceptèrent de la recevoir, mais en mon absence.

J'étais au courant que cette réunion devait avoir lieu, un midi, pendant que je serais à l'école. Je vécus ce moment, dont on m'évinçait, dans la terreur… Impossible de me concentrer sur les cours. Le fait que mes parents la rencontrent « à ma place » me paraissait injuste. Que se dirent-ils ? À quoi ressemblait-elle ? Qu'avait-elle fait de sa vie ? Je redoutais qu'elle ne soit pas bien accueillie, sans chaleur, avec distance… Je compatissais. Ma mère, si proche et pourtant si lointaine… Je comptais les heures. Lorsque je pus finalement interroger mes parents, avide de savoir comment s'était déroulée l'entrevue, je fus réduite au silence. « Tout à l'heure… pour le moment, ton frère peut nous entendre. » Il est vrai que si mon frère savait que j'étais une enfant adoptée, il ignorait tout des circonstances de cette adoption. Il était né alors que j'avais 3 ans. Je me rappelle avoir d'ailleurs éprouvé une profonde jalousie à son égard et – avais-je tort ? – avoir perçu la différence de lien qui l'unissait à mes parents.

À ma grande surprise, l'opinion de mes parents sur ma Mère s'est révélée positive. Diplômée en droit, exerçant un métier honorable, elle les avait convaincus de sa valeur. Avaient-ils réalisé qu'elle n'était « pas si mal », après tout ? Je me souviens encore de mon soulagement… Elle a été autorisée à entrer dans ma vie, à leurs conditions. Sur la pointe des pieds.

Dans un premier temps, elle m'écrirait des lettres, que mes parents liraient avant moi. Jugeant la première lettre trop « émouvante », je ne pus en prendre connaissance. Puis, est venue la seconde. Ses mots si doux, débordants d'amour, son approche délicate m'ont impressionnée. Elle ressentait le même déchirement que moi.

Nous avons alors débuté une correspondance nourrie. J'attendais ses lettres avec désir et impatience. Elles s'accompagnaient parfois de cadeaux, parfois d'enregistrements de mon père, parfois aussi de photos. Je dévorais ces clichés, je les analysais, je cherchais des ressemblances. Elle m'a longuement « raconté » mon père. Malgré les souffrances endurées, elle était intarissable… Cet amour était toujours présent, lumineux. Moi qui la considérais de prime abord comme une victime, j'étais interpellée par l'évidence de ce lien si fort. Elle semblait être la bonté même.

Nous avons ensuite renoncé à approfondir nos confidences par le biais de la correspondance… Car nous allions enfin pouvoir nous rencontrer et évoquer de vive voix, les yeux dans les yeux, cœur contre cœur, les sujets personnels et délicats.

Elle était devenue une étincelle d'espoir illuminant mon adolescence difficile. Une attente. Une sorte de camarade aussi. À l'instar de mon lapin, que j'emportais partout avec moi, à table, complice sur mes genoux, ou bienveillant sur mon lit, lorsque j'étudiais. Mon lapin était celui que je courais rejoindre à la maison. Ma mère m'a appris qu'elle avait un chien auquel elle semblait très attachée. L'amour que nous portions chacune à notre compagnon a encore contribué à nous rapprocher davantage.

Toutes deux, nous attendions avec fébrilité notre première vraie rencontre, que nous voulions sceller par la musique. Elle m'attendrait ce 18 novembre 1994 à la sortie de l'école. Après un léger repas, nous irions assister ensemble au concert de Stef Bos. En attendant, elle tenait à s'offrir tous les disques de mon idole, Clouseau. « Domino » est devenu mon surnom. C'était le titre de ma chanson préférée. Aussitôt, elle m'a appelée « Dominootje ». Le thème de la chanson l'avait émue aux larmes… C'était la première chanson qu'elle avait écoutée et elle l'avait frappée en plein cœur… « Une jeune femme blonde aux yeux bleus avait disparu. » Coïncidence ?

Rencontre avec ma mère

18 novembre 1994. Ce soir, je vois ma mère… Celle qui m'a portée, qui m'a donné la vie, dont je porte les gènes…

Consciente que cette journée serait pénible pour mes parents, en particulier pour Maman, je quittai la maison avec un sentiment de culpabilité. J'avais la sensation de les trahir en m'ouvrant ainsi à ma mère biologique. Pourtant, je sentais, au fond de moi, que c'était mon droit. Notre droit. Une sorte de loi naturelle. Une légitimité. Un aboutissement.

Il me fallut pourtant me résoudre à aller à l'école. Au cours de la journée, la nervosité me gagna. J'avais tant désiré cet instant et soudain, j'avais peur. Peur que ma Mère ne m'aime pas, qu'elle soit déçue, que je ne sois pas la fille qui habitait ses rêves depuis si longtemps…

Pendant la dernière leçon, je ne pus détacher mon regard de l'horloge. Pourquoi les heures, les minutes stagnaient-elles à ce point ? Le temps me paraissait « suspendu » entre ces années vécues sans elle et ce nouveau chemin qui, tout à coup, s'ouvrait devant nous et que nous allions dorénavant suivre.

La cloche sonna. Je bondis. L'adrénaline se diffusa dans mon corps tout entier. Je courus… si loin… si longtemps…

Des mois, des années… à perdre haleine, à m'en faire exploser le cœur. Ce moment arrivait enfin, après tout ce temps. Et là, je ne pouvais plus avancer, mes jambes ne me portaient plus… C'était pourtant maintenant ou jamais. Soudain, mon corps prit l'ascendant sur mon esprit. J'allais sortir de l'école, franchir ce portail et elle serait là… avec ses yeux de mer et ses cheveux de dune, avec ce parfum dont je voulais m'enivrer… J'étais figée derrière le portail, la tête me tournait, je vacillais… Je sentais toute pudeur s'envoler, aspirée par cette exigence qu'elle soit enfin « là » Un geste qui mettrait fin à des années d'attente, de rêves, d'espoirs. Un geste qui me ferait basculer, embrasser sa vie, notre vie à tous les trois, qui nous étions croisés, séparés, mais jamais oubliés… Un pas encore et l'illusion si douce céderait le pas à l'amour, tel que je l'imaginais depuis que je prononçais ce mot, depuis que je m'endormais avec ces questions… depuis dix ans… depuis que je savais qu'elle existait… Un pas encore, suspendu entre mes rêves les plus enfouis, les plus ardents, et cette impérieuse exigence que je nourrissais de la rejoindre…

Tant de questions, tant d'angoisses. Allais-je lui plaire ? Allait-elle me « re-connaître » ?

Je fermai les yeux et je sentis son regard avide de déceler sur mes traits des traces de l'amour évanoui et pourtant si présent… Allait-elle y retrouver une expression, une lueur dans le regard, un port de tête, une élégance ? Allait-elle m'aimer sans condition, avec cette passion exclusive qui me faisait tant défaut ?

Soudain ne comptaient plus que ses bras qui me serraient à m'étouffer, sa voix aux notes si tendres, nos sanglots et nos rires qui s'échappaient, ces larmes qui coulaient et se mélangeaient…

Seules subsistent aujourd'hui, dans ma mémoire, les émotions intenses qui émaillèrent cette « réunification ». Le déroulement de la soirée s'est, quant à lui, estompé. Nous nous sommes rendues au restaurant et nous avons parlé, parlé… si longtemps que nous en avons oublié le concert.

Je l'ai trouvée douce, jeune, sensible… un être avec lequel je me suis immédiatement sentie à l'aise. C'était surréaliste de m'asseoir soudain à ses côtés. Une apparence magique. Elle semblait tellement s'intéresser à moi. Comme si tout ce qui me concernait revêtait une importance primordiale. Quelles étaient mes préférences dans tous les domaines ? Mes plats préférés… les couleurs… les pays… Elle voulait tout savoir de moi… Pour la première fois, quelqu'un souhaitait me connaître, aller au plus profond de moi.

Avec délicatesse, nous avons abordé le sujet sensible de mon père. Son amour inconditionnel pour lui en disait long. Je ne cessais de lui soumettre mon point de vue. Ce qui était arrivé n'était pas correct… Il n'avait rien fait… Il ne l'avait pas aidée... Ma mère était en état de choc. D'où me venaient toutes ces idées ? Pourquoi avais-je une opinion si négative de lui, alors qu'elle le vénérait ? Elle me le décrivait tel un Dieu. Nous avons alors renoncé à poursuivre le sujet, mais je la sentais déterminée à me convaincre de la valeur morale de mon père.

Je me souviens de la douleur qui m'a saisie au moment de rentrer à la maison. Nous avons tenté de le repousser au maximum, tout en parlant, tout en nous épanchant. Nous étions insatiables… Croire que nous pourrions résumer dix-sept années en quelques heures était un leurre. Mais l'échéance était là. Ma mère a insisté pour respecter notre engagement et me déposer « à l'heure » à la maison. J'aurais voulu arrêter le temps, j'aurais tout donné pour que cette soirée ne finisse jamais. Même Stef Bos avait dû s'effacer devant nos retrouvailles… Infinie gratitude d'avoir pu en faire l'expérience et chagrin inéluctable face à la séparation… Cette peur de devoir dire « au revoir » alors que tout ne faisait que commencer.

C'est Papa qui nous a ouvert la porte et nous a accueillies à la maison. Maman s'était retirée dans sa chambre et j'ai tout de suite perçu que nous voir ensemble lui était trop douloureux. À travers les propos de Papa, j'ai senti qu'il était heureux de notre réunion. L'évidence de notre ressemblance, notre bonheur éclatant… Et puis, je l'ai entendue dire qu'elle allait prendre congé. Je l'ai accompagnée à la voiture, tandis que venaient déjà les premières larmes. Pourquoi ce bonheur devait-il générer tant de douleur ? Je voulais la rejoindre, me sentir aimée et me sentir en sécurité auprès d'elle… C'était malheureusement impossible. J'avais été adoptée et ma maison était celle-ci, sur le seuil de laquelle je devais me séparer de ses bras. Son visage était noyé de larmes. Sur une promesse de nous revoir bientôt et un dernier câlin, elle est repartie… sans moi. Je me suis réfugiée dans mon lit et quelque chose en moi s'est subitement desserré… Les larmes, qui n'avaient pas coulé depuis des années, ont déferlé… et j'ai perdu connaissance.

Le lendemain matin, à mon réveil, j'avais les yeux gonflés. Je me sentais vide. Je suis descendue et j'ai croisé Maman dans la cuisine. La vue de mon visage a déclenché sa froideur. Comme si elle se sentait rejetée par mon chagrin. Elle m'a lancé : « As-tu vu ta tête ? » Son incompréhension a immédiatement provoqué une nouvelle vague de tristesse en moi. J'ai alors décidé de ne pas évoquer la soirée passée et de continuer à vivre le mieux possible avec ma famille adoptive. Mais le contact avec ma mère était désormais installé et pouvait difficilement être brisé.

Nous avons poursuivi notre échange de lettres, nous nous appelions de temps à autre. Nous nous voyions parfois, le plus souvent chez mes parents, à leur demande.

Je ne m'explique pas pourquoi la vue de mes deux mères réunies constituait pour moi un spectacle insoutenable. Je me sentais perdue. J'avais l'impression de ne plus exister, comme si je disparaissais soudain. Elles m'apparaissaient tellement focalisées l'une sur l'autre, simulant une amitié artificielle pour dissimuler leur rivalité, qu'il me semblait ne plus avoir aucune importance. Toutes deux ont cependant fait de leur mieux, à tel point que plus rien ne semblait naturel. Je voulais voir ma mère, mais pas en la présence de mes parents adoptifs. L'une et les autres représentaient pour moi deux mondes différents et, lorsqu'ils étaient réunis, je ne savais plus où j'étais ni qui j'étais.

Peu à peu, la confiance s'est installée et mes parents ont accepté l'idée que nous nous rencontrions ailleurs. Ma mère m'emmenait de plus en plus fréquemment en ville et même quelquefois chez elle, à Bruxelles où elle résidait. Un monde nouveau s'ouvrait à moi. Elle me faisait découvrir le coiffeur, le solarium, l'institut de beauté, les beaux magasins de mode, les restaurants, le cinéma… Mon bonheur a commencé à s'épanouir, une graine de confiance pouvait germer. Nous sommes même sorties ensemble. Beaucoup de gens nous croyaient sœurs. Je me suis totalement concentrée sur elle. Je voulais tellement rattraper le temps... Je me suis alors sentie reconnue pour ce que j'étais.

Durant cette période, mes parents se sont montrés plus doux, plus tolérants à mon égard. L'ambiance qui régnait à la maison était devenue plus sereine. Peut-être avaient-ils peur de me perdre et s'adoucissaient-ils, convaincus que je conserverais ma place auprès d'eux.

Ma mère venait souvent le week-end et m'aidait dans mes études. Un soir, elle m'a emmenée chez ses parents. C'est surtout la curiosité qui m'avait poussée à accepter. Qui étaient ces gens qui m'avaient rejetée ? Ma mère avait su me convaincre de sa volonté farouche de me garder. Elle avait souffert autant que moi. Malgré son image de jeune femme heureuse, je pouvais l'imaginer terrassée par les souffrances endurées par le passé. Quelquefois, elle me racontait des anecdotes, à la fois drôles et poignantes, qui avaient jalonné ses recherches. Les moyens utilisés pour retrouver ma trace, pour découvrir la petite fille que j'étais devenue en escaladant les grilles de l'école... Faire fi de sa bonne éducation au point de fouiller des poubelles. Alors qu'elle était encore en stage, elle s'était présentée comme avocate pour avoir accès à mon acte de naissance.

Ses parents vivaient dans un petit château à Geraardsbergen. Dès mon arrivée, j'ai imaginé la mentalité de cette famille qui me paraissait bourgeoise. Accueillir le bébé de leur fille cadette aurait été impensable. Ils évoluaient dans une sphère privilégiée. Ils m'ont cependant reçue chaleureusement, presque avec des larmes dans les yeux. Bien que leur émotion fût palpable, je leur en voulais de m'avoir rejetée. Mais j'ai toléré leur accueil ému et j'ai fait taire ma colère. Ma mère semblait tellement fière de me présenter, envahie par un sentiment de justice légitime : « C'est ma fille ! Elle est enfin là ! »

Nous étions inséparables. Il nous est même arrivé de dormir ensemble dans le même lit. Tout était tellement naturel ! Les seuls points de désaccord surgissaient à propos de l'image de mon père. Elle m'a emmenée à Paris, voulant absolument me présenter à Slim Pezin, l'ancien guitariste et chef d'orchestre de mon père. Il nous a invitées à dîner et m'a raconté les plus belles anecdotes qui soient à son sujet. Devais-je donc davantage polir l'image que j'avais de lui ? Le souvenir de nos échanges lors de cette soirée m'a poursuivie très longtemps. Slim est un homme chaleureux. Je me rappelle avoir taquiné ma mère : « Es-tu certaine que ce n'est pas lui, mon père ? »

Je voyais désormais mon père comme un homme secret, fragile, d'une sensibilité extrême, en quête permanente d'amour mais aussi en perpétuel questionnement, doutant parfois de lui, ayant un besoin constant d'être rassuré, ce qui expliquait son exigence tant dans son métier que dans la vie quotidienne. Un homme « généreux » dans son acception la plus large, capable d'émerveillement, farceur, cultivant l'humour et la tendresse.

Mon père n'était pas seulement cet artiste tempétueux, ce *showman* aux côtés excessifs qui mobilisait les foules… Il était également cet homme solaire qui avait semé des myriades d'étoiles dans le cœur de ses admirateurs et qui, peu à peu, s'appropriait le mien…

Mon dix-huitième anniversaire fut célébré chez mes parents, en présence de mes grands-parents biologiques et de ma mère, qui m'offrit un voyage en Indonésie, en sa compagnie et celle de son frère. L'Indonésie… l'une de mes destinations rêvées. Ma mère et moi réunies dans un décor de rêve.

Mais le rêve s'est transformé en cauchemar…

Dès le décollage, j'ai été prise de nausées qui ne m'ont plus quittée de tout le voyage. Je dormais mal, voire pas du tout. Je culpabilisais de laisser mes parents derrière moi et les relations avec ma mère s'abîmaient dans de nombreuses discussions stériles. J'ai tenté de lui parler de mon mal-être, mais elle ne pouvait, ou ne voulait pas m'écouter. Son mécanisme de protection lui interdisait de se « retourner », il la forçait au contraire à avancer. Moi, j'aurais voulu regarder en arrière, évoquer nos souffrances, nous entraider. Cela n'a pas été possible, elle s'était bloquée.

Il y a eu, bien sûr, de superbes moments. La majesté des paysages, la beauté sereine du temple de Borobudur, les promenades le long des plages de Bali, les couchers de soleil, toute cette explosion de parfums, de couleurs et de saveurs, tout ce qui pour moi symbolisait la vie… Mais je pense que nous attendions toutes les deux davantage de ce voyage.

Parfois, notre récente connexion s'évanouissait. Nous nous sommes donc progressivement « refermées ». Le conte de fées a révélé ses premières fissures. Il était difficile pour ma mère de se retrouver si soudainement face à une jeune femme de 18 ans. Son enfant… Et, de mon côté, j'étais incapable de faire face à une mère qui se dérobait. C'était une illusion d'imaginer que notre symbiose des débuts puisse résister pendant quatorze jours d'affilée.

Je me sentais coupable de ne pas être heureuse. Je réalisais le voyage de mes rêves et je ne pouvais en profiter pleinement. Que se passait-il ? Mon amour-propre avait disparu. Ma confiance en moi s'était évanouie. Je réalisais brutalement à quel point j'avais fantasmé la relation avec ma mère.

J'ai pourtant pris conscience de la beauté et de la sérénité qui régnaient dans ce pays. Depuis lors, je vis à l'ombre d'un Bouddha. Les parfums et l'Indonésie sont restés gravés en moi.

Une distance s'est installée entre ma mère et moi après le voyage. Un certain temps a été nécessaire avant que je ne la revoie. Je sentais poindre la déception. Le rêve s'était fendillé. La vraie vie reprenait ses droits. Elle poursuivait son chemin, c'était très dur à supporter. La perfection de notre relation avait disparu. Le sentiment initial d'enthousiasme était dissous, le besoin impérieux d'être ensemble évanoui. Nous découvrions alors nos « mauvais côtés ». Elle, mère égocentrique et parfois absente. Moi, enfant malheureuse parfois ingrate.

Nous n'avons jamais été accompagnées ni guidées pour vivre cette « réunion ». Nous étions deux femmes qui poursuivions notre évolution à tâtons dans une dimension inconnue. Nous souhaitions toutes les deux le meilleur, mais devions parallèlement faire face à nos blessures et à nos mécanismes de protection.

C'est en Indonésie que je me suis interrogée pour la première fois : comment parvenait-elle à être heureuse ? Elle était souriante, profitait, embrassait la vie… Et moi, j'étais prisonnière de ma souffrance. Elle avait survécu parce qu'elle avait poursuivi son chemin… Cette distance émotionnelle qui nous séparait me faisait mal.

Enfermées dans notre douleur, nous ne parvenions plus à nous trouver.

Ma douleur était là, béante, devant ses yeux. Sa douleur était enfouie, dissimulée, elle ne la sentait plus ou faisait comme si.

Mes années d'université : le début d'une identité

En septembre 1995, je suis partie vivre et étudier seule à Gand.

Choisir mes études a été difficile. Tout d'abord, j'ai souhaité me diriger vers un domaine artistique. J'avais eu l'occasion de suivre des cours de théâtre à 16 ans et cela m'avait beaucoup plu. Endosser le rôle d'une autre me semblait facile. En 1995, j'ai obtenu un succès inespéré lors de l'examen d'entrée d'une école de théâtre de Louvain. Cependant, ma faible confiance en moi et la désapprobation de mes parents ne m'ont pas permis de poursuivre dans cette voie.

Je me suis alors tournée vers la section psychologie de l'Université de Gand. Ma souffrance émotionnelle m'avait ouverte aux autres. J'aiderais. C'était une orientation valorisante et intéressante. Soutenue financièrement par mes parents adoptifs, j'avais l'opportunité de m'envoler du nid. Enfin indépendante, loin de chez moi… mais seule aussi, dans mon petit studio à Gand.

Je me suis épanouie peu à peu, à l'écart de ma famille et de son influence. Je ne dépendais plus d'elle, je pouvais commencer à choisir ce que je voulais et surtout qui et avec qui je voulais être.

Malgré des hauts et des bas dans notre relation, je voyais toujours ma mère quand et où nous le voulions, sans devoir demander l'autorisation à mes parents. Je pouvais tenter de reconstruire la partie de moi-même perdue dans les souffrances de l'adoption. Ma dépression a disparu. J'avais quelques bons amis, j'étais libre, j'avais désormais le droit de façonner ma propre vie. Je repris des cours de théâtre et de danse.

Ma première année s'est donc révélée libératrice au niveau émotionnel. Elle s'est toutefois mal terminée. Mon développement intérieur m'avait beaucoup accaparée, au détriment de mes études. Je ne me voyais pas progresser, ne me sentais pas assez intelligente. J'ai échoué aux examens. Mes parents, fâchés, m'ont imposé de rentrer vivre à la maison, ce qui m'a paru insupportable. Après avoir vécu seule pendant un an, je voulais préserver ma liberté. J'ai perdu pied une nouvelle fois.

Ma mère et moi nous voyions encore, mais ce n'était pas toujours harmonieux entre nous. J'estimais qu'elle avait pris trop de distance. Elle faisait pourtant de son mieux. Nous partagions toutefois de bons moments, elle me gâtait, mais je devenais de plus en plus exigeante. Je n'avais pas réalisé que le temps perdu ne se rattrape jamais. Je déplorais le peu de temps qu'elle me consacrait. Je luttais contre moi-même en permanence.

Guidée par mes cours de psychologie, j'ai pris la décision d'entamer une thérapie. Ma psychologue, Marianne, est devenue mon ancre, elle semblait toujours me comprendre.

Cette année a été également celle de mon premier amour… et de mon premier baiser. Cette relation est pourtant restée superficielle. T., garçon romantique et sensible, avait le don de m'émouvoir, mais pas avec suffisamment d'intensité. Ma mère lui trouvait une ressemblance avec Claude dans sa jeunesse...

Après l'échec de ma première année, nous avons décidé, ma mère et moi, de partir à nouveau ensemble en vacances. Tout comme en Indonésie, je ne me suis pas sentie « réceptive », malgré la présence de Véronique, l'une de mes amies. Toutes ces pensées et ces sentiments obscurs me perturbaient profondément. Alors que toutes les circonstances étaient réunies pour que l'ambiance soit joyeuse et sereine, il m'arrivait de m'effondrer. Parfois, je fondais en larmes alors que j'aurais dû être heureuse. Était-ce la perte originelle qui se manifestait inconsciemment ?

À 19 ans, je rêvais de ma seconde année d'indépendance. Il m'a donc fallu négocier âprement afin d'obtenir l'autorisation de retourner à Gand, dans mon studio. Je me suis inscrite dans une Haute École pour y entamer des études d'assistante sociale. Elles ont été enfin couronnées de succès. J'ai tissé de nouveaux liens d'amitié. Mon identité s'est affirmée dans l'aide et l'écoute, je me sentais enfin utile et ma relation avec mes parents s'est stabilisée. Nous nous rapprochions de plus en plus.

Parallèlement, je partageais avec ma mère des moments très beaux, mais toujours difficiles. Elle menait sa propre vie et je m'appliquais à faire de même. Notre relation basée sur l'émotion devenait très complexe. La peur qu'elle puisse me quitter à nouveau était très présente ; je le ressentais comme une menace permanente. L'échange d'émotions était de plus en plus difficile. Elle semblait ne pas me comprendre. Nous étions dans une impasse.

Ma mère se protégeait. Sa jeunesse et le fait d'être envahie d'émotions ni traitées ni résolues l'empêchaient de faire face à ce « nous ».

J'ai réagi comme un enfant qui exigeait une mère, celle qui m'avait initialement donné la vie. Tel un bébé, je réclamais sa présence permanente. Malheureusement, lorsque nous nous sommes retrouvées, j'étais devenue une jeune adulte complexe de 17 ans. Ces scénarios ne trouvaient pas de place dans nos vies respectives… Je l'ai toujours accusée de ne pas m'accorder LA place unique, l'exclusivité que j'entendais mériter dans sa vie. Je n'ai pas accepté ses limites. Cette douleur atroce m'anéantissait. Ma peur de la perdre a créé un climat de tension et d'hostilité entre nous. Notre relation était devenue difficile et éprouvante.

Je suis convaincue qu'il est crucial de guider à la fois l'enfant et le parent dans de tels cheminements extrêmement délicats. Le traumatisme originel de la séparation entre la mère et l'enfant doit être impérativement traité. Cette séparation génère une blessure. Cette blessure continue à me hanter. Elle a également influencé mes relations avec les autres. J'ai toujours nourri le sentiment de ne pas avoir d'emprise sur ma propre vie. De ne pas être destinée à avoir de la chance. D'être impuissante devant les aléas. Bien que consciente que ma mère, alors jeune fille vulnérable, avait agi sous la contrainte, j'ai développé, tout au long de ma vie, le sentiment d'avoir été abandonnée parce que j'étais sans valeur. Cette douleur originelle n'a cessé de croître dans mon subconscient, me portant préjudice également dans mes relations avec les autres.

La crainte de ne pas être acceptée par mes pairs – ou, pire, d'être rejetée – constituait une cause de panique permanente. Cela me paralysait à un tel point que j'ai tout fait pour que tout le monde m'aime et la construction de mon identité s'en est trouvée faussée. Je devais me contenter d'exécuter la pensée ou la volonté de quelqu'un. Mon identité, c'était d'aider les autres.

À l'âge de 19 ans, j'ai alors, parallèlement à mes études et grâce à l'intervention de mon amie Véronique, rejoint une troupe de scouts qui s'occupaient d'enfants handicapés mentaux légers. Je m'y suis consacrée longtemps, et avec passion. Me sentir capable de contribuer au bonheur d'un autre me rendait infiniment heureuse.

J'ai réussi ma première année d'études d'assistante sociale. J'avais tout mis en œuvre pour pouvoir continuer à vivre seule et à étudier. Le succès a stimulé ma confiance en moi. Mon état dépressif s'est amélioré. Ne plus partager mes émotions avec ma mère m'a rapprochée des autres, même si la peur de l'abandon ne me lâchait jamais tout à fait.

Pendant ce temps, ma mère tentait sans relâche de « jeter des ponts » vers ma famille paternelle. Elle n'ignorait pas ce terrible manque qui me perturbait. Au cours de l'une de ses conversations téléphoniques avec Josette – la sœur de Claude François –, elle m'a passé la communication. J'ai perçu l'embarras de celle-ci. Que devait-elle me dire ? Qu'allait-elle faire de moi ? Elle m'a vaguement promis que nous nous verrions à Paris, mais cela ne s'est jamais réalisé. Elle a cependant prononcé une belle phrase, qui m'a atteinte en plein cœur : « Il aurait aimé avoir une fille… »

La presse découvre mon existence

Ma seconde année d'études d'assistante sociale s'est achevée. Ma relation avec ma mère était tissée de hauts et de bas.

Aux alentours de Noël 1997, on a appris que la presse commençait à s'intéresser à moi. Je n'ai pas tenté d'en savoir davantage, mais ma mère a demandé conseil à F.L., un proche de la famille de Claude François, afin de tenter une rencontre entre moi et mes demi-frères. Celui-ci lui a conseillé de me demander de leur envoyer une lettre accompagnée de photos. Ce que j'ai fait.

J'étais en pleine préparation de mes examens quand on a soudain frappé à la porte de mon studio. Une femme et un homme me faisaient face, exhibant un magazine dont la photo de couverture n'était autre qu'un portrait de moi ! Je ne me souviens pas des paroles échangées. Ils m'ont demandé l'autorisation de prendre des photos, ce que j'ai refusé. Malgré ma réaction, quelle n'a pas été ma stupéfaction de découvrir dans la presse des clichés pris à mon insu et ma lettre à Claude et Marc *in extenso* !

Ce manque total de respect m'horrifiait. Comment de telles choses pouvaient-elles se produire ? Quel comportement abject ! Mais je devais présenter un examen, c'était ma priorité. Je me suis rendue à l'école tel un automate et j'ai assuré l'épreuve. Ensuite, j'ai pris le temps d'avertir ma mère et mes parents. Il me semble que ces derniers étaient fâchés et m'ont rendue responsable. Quant à ma mère, incapable de gérer cela, elle a disparu peu de temps après.

Un avocat a été chargé par ma famille de mettre un terme le plus rapidement possible à cette affaire. On ne m'a rien demandé, mais je ne pense pas non plus avoir eu d'opinion sur le sujet à ce moment-là.

Une partie de moi était secrètement satisfaite de cette reconnaissance, mais je ne pouvais cependant pas l'assumer toute seule. Contrariée, anxieuse, une mère invisible et la famille de mon père qui restait silencieuse. Claude et Marc n'ont pas réagi. Seule Isabelle (leur mère) a annoncé plus tard dans un magazine que mon histoire n'était rien d'autre qu'une fable.

Pas plus que moi, ma mère ne pouvait endurer tout cela. J'éprouvais cependant de la colère envers elle. Selon moi, il lui appartenait à présent de se lever et de s'exprimer.

Les avocats ont rempli leur mission et l'affaire a été étouffée.

Lettre de Julie envoyée à Claude et Marc, parue dans *Voici* :

Cher Marc, cher Claude,

Je ne sais pas si vous allez pouvoir lire ce mot. Je ne sais même pas si vous savez qui je suis. Mais j'espère que B. vous a expliqué. Puisqu'on a un lien, je veux vous dire que j'aimerais vraiment faire partie (un petit peu seulement) de votre vie. Et pouvoir partager des moments vécus et futurs. Notre père n'est plus ici, je n'ai même pas eu la chance de le voir, mais en chacun de nous il doit exister encore. Et je donnerais tout pour le rencontrer, et pour vous rencontrer, si vous le voulez autant que moi. Ce n'est pas évident toute cette histoire, mais on s'aidera…

Votre petite sœur, Julie

Je m'éloigne de ma mère

Ma mère a pris de plus en plus de recul, jusqu'à partir puis revenir de Suède. J'ai alors appris qu'elle y avait noué une nouvelle relation amoureuse. J'en ai été très affectée. Je me sentais trompée.

J'entends encore mon hurlement lorsqu'elle me l'a annoncé lors d'une soirée chez moi. « Va-t'en ! » Je ne supportais plus la douleur, je ne parvenais même plus à la regarder. Elle est partie. J'ai frappé la porte de toutes mes forces et me suis effondrée. Elle n'était peut-être pas responsable de mon abandon à la naissance, mais elle l'était à présent.

J'ai alors compris, plus que jamais, que mes parents, eux, étaient toujours là pour moi.

Ma mère, quant à elle, tentait régulièrement de rétablir le contact et de me parler, mais j'étais trop blessée. J'étais l'enfant tourmentée et en colère. Mon cœur saignait. Comment pouvait-elle commencer une telle relation maintenant ? De combien de temps avais-je bénéficié ? Je voulais, moi seule, exister pour elle.

Quelques mois plus tard, je reçue une autre nouvelle, plus douloureuse encore : elle était enceinte.

Je n'étais plus rien. Si facilement remplaçable. Un homme, un autre enfant... La minime estime de moi et la fragile confiance que j'avais péniblement édifiées s'étaient effondrées. Elle m'avait déjà « échangée ». J'ai une nouvelle fois perdu ma mère biologique.

J'étais bouleversée, anéantie. Cet arrachement me laissait exsangue... Devoir me séparer à nouveau de ma mère représentait un processus extrêmement douloureux. Il me fallait encore surmonter ce traumatisme, me relever.

Je me suis tournée vers mes amis, auxquels j'allais accorder de plus en plus d'importance. À leurs côtés, j'avais le sentiment de toujours construire quelque chose.

J'ai alors entamé une vie sans ma mère, tout comme elle semblait le faire sans moi. Chaque fois que son nom était prononcé, j'en éprouvais une vive souffrance. Je détestais sa démarche. J'ai appris qu'elle vivait en Suède. Puis j'ai su qu'elle avait acheté une maison en France. L'appartement, dans lequel j'avais ma chambre avait été vendu. C'était pour moi une trahison. Pour quelles raisons m'avait-elle recherchée ? J'aurais préféré ne jamais l'avoir connue. Après que je me sois dévoilée telle que j'étais, vulnérable, elle m'avait cette fois vraiment rejetée.

Je pense que dès lors, j'ai encore davantage développé la conviction que la vie était semée d'embûches. Les relations de confiance qui nous liaient aux autres n'étaient jamais établies et je devais me montrer plus vigilante. À partir de là, je me suis mise à « scanner » les gens, encore et encore.

Un soir, j'ai fait appel à ma psychologue car le sentiment de perte était si écrasant que je voulais mourir. Je suppose que ce « deuxième abandon » avait fait resurgir le premier. La douleur et le sentiment d'impuissance qui s'étaient emparés de moi étaient incommensurables. Encore maintenant, il m'arrive d'être submergée par le désespoir. Lorsque j'éprouve une perte, quelle qu'elle soit, ma première blessure refait surface et rend cette émotion insupportable.

Au sortir de ma dépression survenue après l'épisode du magazine *Voici*, à 20 ans, j'ai été dans l'obligation de poursuivre mon chemin. Je suis cependant restée en contact avec la famille de ma mère afin de préserver mes racines. J'ai entendu dire qu'elle avait donné naissance à une petite fille. Plus j'éprouvais de la douleur, plus je m'éloignais. Jamais je n'ai répondu aux notes et aux cartes qu'elle m'adressait.

Ma seconde année d'études d'assistante sociale a été chaotique. J'ai réussi de justesse. La colère m'a poussée à me battre, à étudier, à vivre ma propre vie. Ma troisième année s'est mieux déroulée. J'ai rencontré un nouveau petit ami. J'ai vécu ma vie d'étudiante.

Au terme de ma troisième année, grâce à mon esprit combatif, j'ai finalement osé intégrer l'université. Mon choix s'est porté sur la criminologie, une matière qui s'associait idéalement avec le travail social. Je voulais à tout prix prouver que je pouvais réussir sans ma mère. Un moyen comme un autre de développer une identité… en grande partie grâce à mes études et à mes amis.

Mon amoureux a endossé la tâche difficile de me redonner confiance en moi. J'étais très jalouse et je réagissais comme s'il était susceptible de me laisser tomber à tout moment. Je redoutais en permanence qu'il rencontre une autre fille qui me serait supérieure. Il était le premier homme avec qui je vivais une vraie relation. Elle a duré deux ans. C'est pourtant moi qui ai pris la décision de rompre, car, si je reconnaissais en lui le bon vivant, je lui reprochais de négliger ses études, et surtout, je venais de tomber amoureuse de celui qui allait devenir le père de mes enfants.

Étudiant sérieux dans une année supérieure en criminologie, je l'ai rencontré à la bibliothèque pendant les examens. Il m'est apparu tel un rocher affrontant victorieusement la tempête. Tout ce dont j'avais besoin. Je me suis accrochée à lui. N. était un homme qui savait ce qu'il voulait : un travail valorisant et une famille stable. Quelqu'un avec qui je pourrais construire l'avenir. Un homme attentionné qui se profilait comme un sauveteur.

Le fait d'être adoptée me donnait une urgente envie de concevoir un enfant. Des enfants. Avec N., je pouvais évoquer ce genre de sujet et faire de tels projets. Sans me demander si cet homme me convenait, j'ai supposé que tout ce dont j'avais besoin était une famille qui m'ouvrirait enfin la porte du bonheur. Dès l'obtention de notre diplôme, nous nous sommes installés ensemble, impatients de nous marier. Il était ma seconde relation sérieuse, j'étais sa première. Nous n'avons pas pris le temps de confronter nos attentes de la vie en commun, nous ne possédions aucun élément de comparaison. Nous nous sommes choisis, l'un l'autre et pour nos futurs enfants, dans notre jeunesse et notre naïveté.

Au cours de mes fiançailles, j'ai à nouveau éprouvé le

besoin de renouer avec ma mère. J'allais me marier et tolérais donc de la voir mariée elle-même.

Après quatre ans de silence, je souhaitais connaître ses enfants. Elle en avait deux à présent, une fille et un garçon. Ma douleur et ma colère s'étaient apaisées et je me réjouissais à l'idée de les embrasser. Eux plutôt qu'elle. Un jour, son mari les a déposés chez nous puis est venu les rechercher. Les petits étaient si mignons qu'ils ont instantanément trouvé leur place dans mon cœur.

C'était un premier pas vers ma mère, même sans la voir. Peu de temps après, nous avons repris notre correspondance. Et après quelques mois, nous nous sommes revues pendant les vacances. Mon fiancé et moi-même avons pris l'avion pour le Sud de la France. Elle est venue nous accueillir à l'aéroport, mais nous ne sommes pas tombées dans les bras l'une de l'autre. Nous gardions nos distances, avec prudence. J'étais déçue malgré tout, car je ne pouvais m'empêcher d'espérer secrètement que la magie de la première rencontre opérerait à nouveau. Je ne venais pas seule, mais accompagnée de mon fiancé. Et elle n'était pas seule, mais en famille. Le séjour n'a pas été facile à vivre pour moi. Malgré l'accueil chaleureux qui nous était réservé, j'avais le sentiment de ne pas avoir de place dans cette nouvelle famille. Il m'était pénible de la voir s'occuper avec amour de ses enfants. Je prenais conscience que son engagement m'avait manqué.

J'ai fait taire la douleur en rêvant à mon futur foyer. J'allais, moi aussi, savourer ce bonheur avec mes enfants. Les deux jeunes enfants accaparaient ma mère et, grâce à l'amour que je leur portais, j'y trouvais finalement un apaisement au cœur de ma souffrance. Elle avait sa vie, j'avais désormais la mienne. Nous n'interférions plus dans nos vies respectives. Tout au plus, je pouvais dorénavant espérer être accueillie chez elle lors de mes vacances.

J'ai accordé beaucoup de temps aux préparatifs de mon mariage. Mes projets avec N. étaient clairs et déterminés.

Je travaillais alors comme assistante sociale dans un centre pour personnes atteintes de problèmes psychologiques. Un travail que j'aimais et que j'effectuais avec dévouement. Malheureusement, il s'agissait d'un contrat de remplacement à durée déterminée. J'ai ensuite accepté un poste de gestionnaire dans un ministère, travail qui ne me comblait pas mais qui présentait l'avantage d'être stable et bien rémunéré.

Je me suis mariée à Mullem le 2 mai 2003. J'avais 26 ans.

Partie 2

Ma vie d'adulte

1977
Mon baptême à Knokke
en septembre.

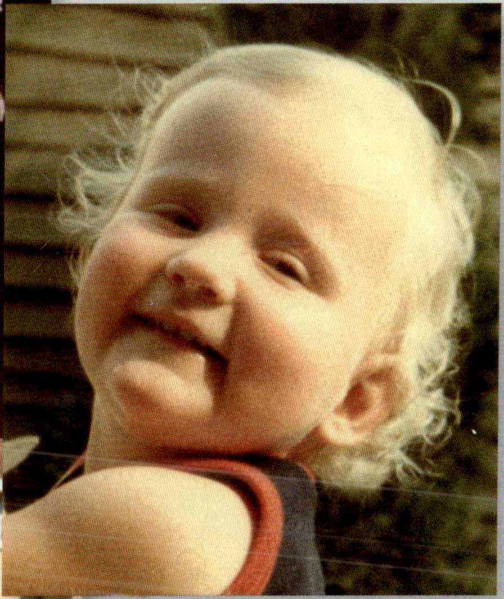

1978
À 1 an.

1979
Avec Maman.

—
Photo prise en cachette
par une amie de Fabienne.
—

—

1980
Je ne lâche jamais Zorba même dans le jardin de Bomi, ma grand-mère maternelle.

—

1981
Avec Papa.

—

1982
Sur la plage de Knokke.

—

—

1983
À 6 ans, je fête ma première communion entourée de mes parents.

—

1983
J'ai 6 ans et je suis demoiselle d'honneur au mariage de ma cousine Nathalie.

—

1984
Avec mon frère Guillaume sur la plage de Pampelonne (France).

—

—
1985
Mes vacances en famille à Cavalaire (France).
—
1989
À 12 ans, je rentre en première secondaire.
—
1994
Premier Noël avec Fabienne.
—

—

1995
Je fête mes 18 ans entourée de mes parents et de Fabienne.

—

1995
Mon premier voyage avec Fabienne pour mes 18 ans, en Indonésie.

—

1997
À 20 ans.

—

—
1999
Mon lapin Hilda ne me quittait jamais.
—
1999
Vacances avec mon premier amoureux en Turquie à 22 ans.
—

—
2003
Le jour de mon mariage
au bras de Papa.

—
2003
Partage d'émotions avec
Maman à mon mariage à
Celles au château Saulchoir.

—
2008
À 31 ans, alors maman de
Marie 4 ans et Amélie 2 ans.

Mon mariage, mes enfants, mon divorce

Les préparatifs enthousiastes de cet événement présageaient une ère de sérénité. Je ne me doutais pas…

Le jour de mon mariage a été merveilleux, mais le spectre de l'adoption ne s'est pas laissé oublier. Mes parents se sont opposés à ce que ma mère fasse partie du cortège nuptial. Ils voulaient être « les seuls parents ». Je n'étais pas encore suffisamment forte pour faire entendre mon opinion et imposer mes vues… d'autant plus qu'ils avaient tenu à assumer la plus grande part du coût financier de l'événement. Afin de tenter de compenser cette indélicatesse, j'ai invité ma mère à lire un texte à haute voix à l'église. Elle était entourée par sa famille et de nombreux amis.

Je souhaitais que la cérémonie reflète ma personnalité profonde et m'étais consacrée minutieusement à la sélection de textes et de chansons destinés à promouvoir les valeurs que je privilégiais. N. m'a soutenue dans mes choix. Durant la fête, je me sentais moi-même, entourée de tous ceux que j'aimais.

Il me paraissait désormais évident que mon identité s'affirmerait en me consacrant à ma famille et à ma carrière. Je ferais dorénavant mes propres choix. Je ne serais plus dépendante des autres. Le mariage m'avait un peu rassurée quant à l'engagement de N. vis-à-vis de moi. Il ne me quitterait pas, pensais-je.

Le lien originel qui m'unissait à ma mère, brisé immédiatement par notre brutale séparation, cause de chagrin et de douleur, me faisait craindre que ce schéma d'abandon ne se reproduisît à l'infini. Bien que le mariage me rassurât, j'étais toujours sur le qui-vive. La moindre sensation de rejet, la discussion la plus anodine prenaient rapidement des proportions irrationnelles.

Mon désir d'enfant répondait à mon besoin impérieux de « posséder quelque chose de moi » et m'offrait l'opportunité de regarder vers l'avenir. Malheureusement, cet enfant se faisait désirer. Chaque mois, j'étais envahie d'une immense déception, suivie d'une profonde terreur… Et si j'étais incapable de concevoir ? Enfin, après six mois d'angoisse, le trait coloré est apparu sur le test de grossesse. Mon bonheur était immense. Je chérissais déjà tellement mon bébé à naître… Si je souffrais parfois de nausées et de fatigue, je me sentais cependant épanouie car je portais le trésor le plus précieux qui soit.

Au cours de ma grossesse, j'ai été amenée à me poser des questions sur mon bagage génétique, en particulier celui que je devais à mon père, qui restait pour moi un étranger.

Nous avons acheté une maison, meublé la chambre d'enfant. Je ne pouvais rêver mieux. Cette attente était magique… Une personne allait porter mes gènes…

L'accouchement a été difficile, mais, dès que j'ai vu ma fille, j'ai été éblouie et intensément heureuse. Elle était blonde et, à mes yeux, la plus belle. Je l'ai prénommée Marie. Un nom pur et simple. J'étais obsédée par ce lien biologique qui nous unissait. Je cherchais des similitudes physiques. Je ne m'en lassais jamais. Mais cet amour immense m'a également déstabilisée. Je ne cessais de m'interroger sur la différence entre le lien qui unit un enfant et sa mère biologique et celui qui se noue avec une mère adoptive. C'était comme si je comprenais enfin la préférence que Maman semblait, selon moi, avoir pour mon frère. Maintenant que je percevais la densité de cet amour, je me demandais s'il pouvait être aussi fort pour un enfant né d'une autre mère.

Je me sentais « réelle » pour la première fois. J'étais « la vraie mère » de ce beau bébé. Mon univers était enfin tel qu'il devait être. Avant d'être mère, je ne me sentais pas à ma place, comme si je faisais de la figuration dans une fiction.

Malheureusement, je voulais tellement bien faire que je ne suis pas parvenue à construire ce foyer serein et idéal. Pas parfaitement. Pas comme je l'aurais voulu. J'étais pleinement dévouée à ce petit être. Ma fatigue était immense. Je n'accordais plus d'attention à mon mari. Seule ma fille comptait. Je tombais souvent malade, je souffrais d'inflammations à répétition. Ce n'est qu'à partir du premier anniversaire de Marie que je me suis sentie en mesure de reconstituer mes réserves. Je me souviens avoir eu du mal à réaliser qu'elle avait un an, comme si elle semblait déjà s'éloigner de moi, alors qu'elle ne demandait qu'à explorer le monde.

Marie était en avance dans de nombreux domaines et faisait preuve d'un caractère bien trempé. J'étais si fière d'elle ! J'étais si puissamment connectée à elle que la relation qui m'unissait à son père s'en est trouvée affectée, comme diluée. En outre, je regrettais que celui-ci se montrât si strict avec

« ma » fille. Ou peut-être était-ce moi qui étais trop laxiste. Il lui arrivait fréquemment de s'énerver. Quand il rentrait à la maison, la tension était palpable.

Je suis à nouveau tombée enceinte. C'était inattendu. Alors que j'avais espéré ma première grossesse avec tant d'impatience, je n'envisageais pas sereinement la seconde, du moins au début. Je craignais de moins aimer mon deuxième enfant, de ne pas pouvoir m'en occuper suffisamment. La première année avec Marie m'avait tant demandé ! En outre, ma relation avec mon mari n'était pas au beau fixe. Je me sentais moins proche de lui et j'ignorais si notre famille serait capable d'accueillir un second enfant dans un climat serein.

Dès la première échographie, les battements du cœur de mon bébé m'ont rassurée et j'ai su instantanément que mon amour pour cet enfant serait aussi grand que pour le premier. Ma grossesse était facile, j'ai appris que c'était une fille et je la devinais déjà paisible. Je me suis connectée à elle tout autant qu'à Marie.

Celle-ci évoluait harmonieusement, tout en dévoilant de plus en plus sa propre volonté. J'ai aimé la voir grandir. Mon univers consistait à travailler et à courir la rejoindre, le plus rapidement possible. J'ai cessé de fréquenter mes amis et j'ai mis un terme à d'autres activités telles que le sport et la danse afin d'être encore plus disponible pour elle.

Insidieusement, les premières fissures apparaissaient dans notre couple. Même si N. était un roc sur lequel je pouvais m'appuyer pour affronter les vagues, depuis quelque temps, j'éprouvais une sensation d'inconfort à ses côtés. J'avais l'impression qu'il était devenu plus difficile, plus dominant, il me rappelait mon éducation plutôt stricte. Je me sentais moins libre face à lui. Moi, je voulais la paix, l'amour et la douceur. Durant toute ma deuxième grossesse, j'ai nourri un sentiment de malaise qui m'a peu à peu éloignée de lui. Dans le regard des autres, nous représentions la jeune famille parfaite, mais cette image de bonheur sans nuage ne correspondait plus à la réalité. Quand des discussions surgissaient à propos de notre fille, il ne restait pas grand-chose de notre couple. Selon moi, N. ne savait plus comment gérer son stress et sa frustration envers moi parce que mon monde se focalisait sur Marie et ma deuxième fille qui s'annonçait.

Je voulais assumer seule l'accouchement. Aux premières contractions, j'ai envoyé N. avec Marie chez mes parents. Je refusais que celle-ci soit le témoin de ma douleur. N. est revenu alors que le travail était déjà bien avancé. L'accouchement s'est fait en douceur. Au premier regard, j'ai constaté que ma deuxième fille ressemblait à Marie, mais avec des cheveux bruns. J'ai immédiatement éprouvé la même vague d'amour. Amélie irradiait de calme et de paix.

J'aurais aimé partager cette naissance avec N., je pensais ne plus pouvoir me reposer à 100% sur lui. Nous étions déjà trop éloignés l'un de l'autre. Il devenait de plus en plus un étranger pour moi. J'ai choisi mon frère comme parrain de ma benjamine. Je prolongeais ainsi le lien qui m'unissait à mes parents. Je savais qu'il serait pour elle un socle de confiance et d'honnêteté. Des années plus tard, il m'a fait l'honneur de me choisir comme marraine de son fils. Bien que nous nous soyons souvent bagarrés dans notre enfance, une fois adultes, nous sommes véritablement devenus frère et sœur.

Amélie, petite fille tranquille, recherchait davantage de proximité et de câlins. Instantanément, j'ai ressenti une sorte de lien de l'âme avec elle. Encore maintenant, cette enfant souriante, radieuse a un effet bénéfique sur son entourage. Marie me ressemble, tant intérieurement qu'extérieurement. Nous sommes deux âmes passionnées. Nous nous affrontons parfois mais, même dans nos colères, nous nous comprenons, nous nous pardonnons et continuons à nous aimer. Je n'ai jamais connu mon vrai père, mais je peux imaginer que, s'il en est une qui lui ressemble, c'est elle.

Mon monde se résumait donc à mes enfants, et au peu de contacts que j'entretenais avec mes collègues et amis, notamment R. C., un homme avec lequel j'aimais discuter. Je me sentais en confiance. Il me montrait davantage de douceur que mon mari. Sans doute est-ce pour cette raison que je m'abandonnais à partager avec lui certaines discussions personnelles.

En mai 2006, peu de temps après la naissance d'Amélie, un incident m'a fait prendre conscience avec plus d'intensité encore de la fragilité de notre couple. Nous étions allés rejoindre ma mère à la terrasse d'une brasserie. Amélie dormait paisiblement dans son landau et Marie, tout en s'appliquant à boire son lait au chocolat, a renversé son bol. Le liquide s'est répandu sur elle et N. s'est emporté. J'ai échangé un regard consterné avec ma mère et c'est alors que j'ai compris que je ne pouvais plus vivre comme cela. Plus tard, alors que ma mère s'apprêtait à partir, je l'ai suppliée, en pleurs, de nous emmener, ce qui était bien sûr impossible… J'ai surmonté tant bien que mal mon désespoir et j'ai poursuivi ma vie avec N. Mais pas longtemps.

L'été suivant, nous sommes partis en vacances sur la côte belge. La journée, je restais à la maison avec le bébé tandis que N. se rendait avec l'aînée à la plage, où il a fait une rencontre. C'est pendant ces vacances que la séparation a commencé à être évoquée de manière rationnelle. Comme une option, une éventualité. Tout me semblait confus. Nous aurions dû vivre sur un nuage suite à la naissance de notre second enfant. Mais rien n'était moins vrai.

Nous avons alors tous les deux cherché à forger une relation hors de notre couple. Je me suis mise à fréquenter R. C., homme calme et doux avec lequel je me sentais en sécurité, qui ne m'assenait aucune remarque, tandis que N. entamait une relation avec une autre femme.

Un matin, au réveil, j'ai découvert sur la table de la cuisine un papier décrivant notre future manière de vivre. Le plan prévoyait les jours durant lesquels je devais quitter le domicile conjugal tout en y laissant les enfants, et les jours où il s'engageait à faire de même. Il avait tout décidé, je n'avais plus qu'à accepter.

Je souffrais de l'évolution décevante de notre couple, mais je n'avais pas la force de me battre. Mon manque de confiance en moi me rendait trop faible et m'empêchait de prendre des décisions. Je me sentais coupable, comme si j'endossais la responsabilité de l'échec de ce mariage. Le fait que je doive lui abandonner mes filles me mettait hors de moi. La douleur était indescriptible. Après chaque séparation, je restais prostrée, en larmes, pendant des heures. J'étais inconsolable.

Lorsque je n'étais pas à la maison, je me réfugiais chez mes parents. J'étais redevenue la petite fille qui devait réorganiser sa vie. Un jour, en rentrant chez moi, j'ai constaté que les verres étaient mal rangés. J'avais donc la confirmation que cette femme était venue chez nous. Je me suis alors réfugiée dans les bras de R. C., qui pouvait quelque peu m'apaiser. Mais ça a été de courte durée, car la situation était inextricable. Il avait, lui aussi, entamé une procédure de divorce et avait la charge de deux enfants plus âgés, auxquels je ne pouvais porter suffisamment d'attention. Moi, je voulais simplement aimer mes deux petites filles.

La période de juillet 2006 à juin 2007 a été terrible. Une montagne russe d'émotions, entre désespoir, colère, engouement, adieu, deuil… J'ai énormément souffert.

N. a cependant souhaité donner une seconde chance à notre couple. Mais cela m'était devenu impossible. Lui et cette femme. Moi et cet homme. Trop de choses s'étaient brisées. Il me semblait qu'il n'était plus si fort que ça pour affronter les écueils. J'avais réalisé que nous n'allions pas si bien ensemble. Il était trop catégorique alors que j'évoluais dans un monde de nuances. Je percevais chez lui une rigueur et une dureté qui m'atteignaient profondément et qui ne me convenaient pas. Au début, son caractère me procurait un sentiment de sécurité. Au fil du temps, je me suis mise à craindre ses emportements. Cela ne s'est plus jamais bien passé entre nous. Nous éduquions nos enfants de manière diamétralement opposée. Moi avec souplesse et compréhension, lui avec rigidité. Moi de façon probablement trop laxiste et lui de façon trop inflexible. La situation était difficile à gérer pour les enfants, car elles devaient s'adapter à deux contextes différents.

Cela reste difficile aujourd'hui. En effet, Marie ne tolère pas l'autorité. Dès l'enfance, elle a affirmé sa personnalité et se montre toujours très déterminée. Il lui est impossible de rester statique et son esprit s'intéresse à mille choses en même temps. Son humeur est instable et peut varier rapidement. Elle est parfois impulsive et ce dont elle rêve a beaucoup de chances de se produire. Quelle force ! Comment fait-elle pour obtenir ce que je viens de lui refuser ? Je m'insurge en vain… Elle peut être fonceuse et l'instant d'après, douce et sensible. Sa loyauté envers moi est inconditionnelle.

Amélie est plus calme et règne tel un soleil à la maison. Elle rit et danse, ce qui peut parfois énerver Marie. Marie peut être un nuage d'orage, tout comme moi… Marie est mon miroir. Elle comme moi avons du mal à gérer nos émotions. Quand nous nous affrontons, il nous arrive d'éclater de rire en même temps, parce que nous réalisons à quel point nous nous ressemblons.

Je suis fière de mes deux filles. Marie me défie et abuse parfois de mon manque d'autorité, mais sa volonté la mènera loin. Ma plus jeune séduit tout le monde, grâce à son goût pour la vie et sa subtilité. Ce sont deux jeunes femmes merveilleuses, mes trésors les plus précieux.

Et pourtant, je me sens coupable envers elles. Elles n'ont jamais savouré la sérénité d'un foyer stable, elles ont dû composer avec toutes mes émotions. Vivre « avec » ma vie. Je n'ai pas toujours été la mère que je voulais être, assombrie par la tristesse. Je n'ai pas toujours été disponible. La vie m'a malmenée, et elles aussi, par voie de conséquence. Je voulais faire de mon mieux, mais je n'ai pas toujours réussi. La période de mon divorce a été difficile à supporter, je me suis sentie anéantie. Ma vie de femme et de mère me semblait être un échec. J'étais infiniment triste de n'avoir pu assurer à mes filles la famille dont j'avais tant rêvé.

Pour aggraver les choses, durant la procédure de divorce, j'ai enduré la peur la plus terrible qui soit pour une mère. J'étais allée me reposer, avec mes deux filles, chez ma mère dans le Sud de la France. J'étais émotionnellement à bout. Après avoir donné le biberon à Amélie et qu'elle se soit endormie, je me suis rendue dans la cuisine où se trouvait ma mère. Marie jouait avec mon demi-frère et ma demi-sœur. Je me suis m'allongée près de la piscine et je me suis endormie… Jamais je n'oublierai le cri de ma mère ! J'ai ouvert les yeux et j'ai vu Marie flotter au milieu de la piscine. Ma mère s'est jetée à l'eau tandis que je me mettais à hurler comme une folle, constatant qu'elle ne respirait plus et qu'elle était toute bleue. Des voisins se sont précipités pour nous proposer leur aide. L'un d'entre eux a tenté de réanimer Marie. J'ai crié désespérément « reviens ! » La réanimation semblait fonctionner. Elle s'est lentement mise à respirer et a recraché un peu d'eau. Je tenais mon enfant dans mes bras, ne sachant pas si elle survivrait. Je vivais un cauchemar. Le temps qui passait me rendait hystérique, mais j'essayais de me contrôler. Je ne pouvais croire qu'une telle chose puisse arriver. Pourquoi m'étais-je endormie ? Comment Marie était-elle parvenue jusqu'à la piscine ? Pourquoi ne l'avais-je pas entendue ? C'est la chose la plus horrible qu'une mère puisse vivre… Elle est partie en ambulance, je l'ai suivie dans la voiture de police. À l'hôpital, elle a vomi à nouveau mais ne parlait toujours pas. Les médecins ne pouvaient se prononcer. Elle a été mise sous surveillance et, à chaque sursaut de l'alarme, une vague de panique me submergeait. C'était affreux. Ma culpabilité était indescriptible. Comment pourrais-je continuer à vivre si elle devait mourir ? Heureusement, elle a progressivement repris pied et a retrouvé l'usage de la parole. Un ange l'a sauvée.

Marie a quitté l'hôpital après une semaine d'observation et, dès son retour, a voulu retourner dans la piscine. Quant à moi, j'étais devenue un zombie. La séparation. La noyade. Tout était devenu terrible et insurmontable. Heureusement, Amélie ignorait tout de ce drame évité de justesse et faisait régner le soleil dans la maison. Je revois le sourire de Marie quand ma mère est entrée avec Amélie dans la chambre d'hôpital pour la première fois… Les deux sœurs étaient inséparables.

Quand les filles étaient chez leur père, je nourrissais un gigantesque sentiment d'échec et de culpabilité. Je n'étais plus une mère à part entière, mais seulement une mère à mi-temps. Comment m'adapter à cette nouvelle vie tronquée ? Comment renoncer à border mes filles chaque soir ? Comment ne pas attendre leur sourire qui illuminait chacun de mes matins ?

J'ai trouvé une maison à louer. Il était si difficile de tout entreprendre seule, d'être seule. J'ai recommencé à sortir et me suis inscrite sur un site de rencontres. Je suis entrée en contact avec R., qui résidait aux Pays-Bas. Nous avons pris l'habitude de nous écrire tous les jours. Il émanait de lui une intelligence, une finesse d'esprit touchante. Comme il est étrange de tomber amoureuse d'une « écriture »…

Après quelques semaines, nous nous sommes donné rendez-vous. Un très bel homme se tenait devant ma porte. Il était aussi éloquent dans la vie réelle que dans nos échanges épistolaires. Et surtout, il agissait avec les enfants d'une manière très délicate, ce qui a encore davantage touché mon cœur. Car j'étais à la recherche d'un beau-père gentil et attentionné. C'est ainsi que R., homme calme et doux, s'est installé dans notre vie. À ce moment-là, je n'avais besoin de rien d'autre… Cette fois encore, j'ai commis l'erreur de chercher avant tout un père de substitution pour mes enfants plutôt qu'un partenaire. Je souhaitais m'unir à un homme qui soit avant tout un bon père. C'était primordial. Nous faisions tout en fonction des enfants. Il faisait preuve d'une patience inaltérable avec mes anges et pouvait passer des heures à s'amuser avec elles.

Je ne me suis pas rendu compte que je ne m'épanouissais pas dans ce lien. Je supposais que, dans la vie de toutes les mères, les enfants devaient être heureux et que, si c'était le cas, le bonheur suivrait…

Les tests ADN ont parlé

Je n'arrivais pas à croire que Claude François était mon père. Il me semblait impossible d'être l'enfant d'une telle légende.

Comme chaque année, nous nous sommes rendus en vacances chez ma mère, dans le Sud de la France. Au cours de ce séjour, alors que nous nous promenions à Sainte-Maxime, un appel téléphonique a soudain bouleversé mon monde. Slim Pezin nous prévenait, ma mère et moi, qu'il avait apporté son aide à la réalisation d'un film, *Cloclo*, qui évoquait la véritable vie du chanteur.

La vraie vie de mon père, et je n'y figurais pas ? Un film sur ses amours, ses enfants… sans moi… j'ai explosé. Il me semblait de plus en plus difficile de croire que j'étais sa fille. J'ai hurlé ma douleur à ma mère : « Tu peux dire ce que tu veux, je ne suis même pas certaine qu'il soit mon père ! » Ma réaction lui a causé un tel choc que, blême, elle m'a répondu : « Je te le prouverai ! » Dès lors, avec l'aide d'amis et de proches, elle n'a eu de cesse de recueillir des éléments susceptibles d'être probants pour une analyse ADN. J'ai donné un échantillon de salive. Quelques mois plus tard, en novembre 2011, les premiers résultats sont tombés, noir sur blanc, avec une probabilité de 99,99 %. Je ne pouvais plus le nier : Cloclo, cette superstar française, était vraiment mon père et… je n'avais pas de place dans son aura. Ma mère, très émue par mon désarroi, a pris la décision d'écrire une lettre à mes demi-frères.

Je prends la liberté de reproduire ici certains paragraphes de sa lettre qui en disent beaucoup, sinon tout… Elle a su me traduire si fidèlement, si profondément à travers ces mots, malgré ses difficultés à écrire dans une autre langue que celle qu'elle a apprise à l'école.

Montauroux, le 17 janvier 2012

Bonjour Claude, bonjour Marc,

Je peux enfin vous écrire car je dispose depuis peu de temps de votre adresse personnelle directe à BXL (la mauvaise expérience de la lettre interceptée que Julie vous a écrite en 1998 à l'adresse de Mr F. L. a servi de leçon de prudence), n'ayant pas l'adresse de Marc, je vous saurais gré de bien vouloir lui transmettre une copie ou de me faire parvenir son adresse privée.

Quelques tentatives de rapprochement par nos relations communes ont malheureusement toujours échoué, peut-être tout simplement parce que vous n'y teniez pas ou que vous craigniez un retour négatif… mais au moins maintenant je sais qu'après la lecture de ma lettre vous déciderez en connaissance de cause à vouloir ou non rencontrer Julie, et ceci purement par sentiment sans aucune pression extérieure.

Vous comprendrez au fil de cette lettre que je ne cherche aucun contact pour moi personnellement : vous ni Marc n'avez à vous justifier ou à vous responsabiliser pour votre père ni pour notre relation, ceci appartient à mon histoire qui est du passé et qui reste un beau souvenir malgré toute la souffrance qu'elle a engendrée. J'ai toujours tenu à véhiculer une belle image de votre père à Julie, et je tiens à vous l'assurer aussi.

Comme un arbre a besoin d'ancrer ses racines dans de la bonne terre pour grandir, Julie a besoin d'un rapprochement avec sa famille côté paternel, non pas pour victimiser son existence mais pour y donner un sens profond et boucler le cercle de la vie. Et je suis presque certaine que ce contact entre vous pourra à terme vous soulager également. Car il est important de comprendre les sentiments de chacun pour ensuite accepter et laisser ce qui appartient au passé afin de mieux vivre le présent, pour donner l'exemple d'humanité à nos enfants et à nos futurs petits-enfants, pour l'équilibre et la force morale de chacun. Ne pas attendre demain, ne pas attendre jusqu'à ce qu'il soit trop tard, ne pas faire comme j'ai fait, garder le silence et ne plus pouvoir parler car l'être aimé a disparu, on apprend malheureusement de ses erreurs…

Julie est forte, Julie aime la vie, Julie a su se frayer un chemin, tout comme vous, mais tout de même, il lui manque quelque chose, un petit rien qui ferait grand bien… elle a eu beau être choyée dans sa famille adoptive, elle souffre de ne jamais avoir pu connaître son père et de ne jamais avoir eu de contacts avec vous. Ceci s'est renforcé quand elle a donné naissance à ses deux filles Marie (7 ans) et Amélie (5 ans) et quand certains événements nous ont réveillés dans la fragilité de la vie et des liens de famille, comme la noyade de Marie qui a été sauvée de justesse, et maintenant le souffle au cœur qui venait de lui être diagnostiqué. Ces circonstances font prendre conscience qu'un jour on pourrait regretter de ne pas avoir fait l'effort d'un pas l'un vers l'autre. Je voudrais pouvoir vous y rendre sensibles.

Ne me méprenez pas, vous n'êtes bien sûr aucunement responsables de ce manque de père à Julie, je sais, mais vous pouvez peut-être l'y aider et y trouver réciproquement un réconfort, un bon sentiment, une force de vie. Je ne veux ni peux vous y forcer, je veux juste vous donner tous les éléments pour permettre peut-être à votre cœur de s'ouvrir à votre demi-sœur.

De mon, côté, je lui ai transmis les beaux souvenirs que j'ai gardés de votre père quand je l'ai connu entre 1975 et 1977, je suis convaincue que si Claude était encore en vie, il aurait bien sûr pris ses responsabilités de père et il aurait reconnu moralement Julie comme sa fille, peu importe sa relation avec moi, il n'aurait jamais manqué de respect vis-à-vis d'elle.

Claude aimait ses enfants et il respectait votre maman, il tenait énormément à vous, Claude et Marc, et il était tellement triste de ne pas pouvoir vous accorder plus de temps; il en avait parlé longuement à J. M., lors d'un dîner au Salammbo de Palavas le 12 août où j'étais assise à ses côtés. Il disait qu'un jour il se calmerait, il prendrait le temps pour lui et pour sa famille.

Le sentiment de vide par le fait que Julie ne l'ait jamais connu, vous avez dû l'éprouver vous aussi, de manière différente mais aussi… et qu'ensuite ni Josette ni vous n'ayez voulu la rencontrer lui a laissé des cicatrices douloureuses et une impression amère d'avoir été rejetée. Mais peu à peu, elle en a compris le pourquoi et moi aussi en essayant de nous mettre à votre place. Si elle a manqué d'un père, vous avez aussi ressenti ce même manque bien sûr, comment combler celui-ci alors que vous étiez quasi dans cette même situation ?

Quand Julie a eu 17 ans et qu'on venait de se rencontrer, votre papa n'étant plus là, elle se raccrochait à vous comme la prolongation de son père de sang et elle attendait sa reconnaissance morale du côté paternel par vous. Mr F. L. nous avait dit que vous étiez prêts à la rencontrer et elle et moi y avions mis tant d'espoir et d'amour, quand soudain ont paru les articles de presse dans Voici et France dimanche. Après avoir été suivie en filature par un certain Mr Sylvain, une journaliste est arrivée à l'improviste au studio d'étudiante de Julie qui se trouvait être en plein examen en lui tendant le premier magazine titré en gros "La fille cachée de", vous pouvez imaginer son choc et mon désarroi ainsi que celui de ses parents adoptifs.

La journaliste, une dame mature d'une cinquante d'années savait très bien comment s'y prendre puisque c'est son métier, et elle a pu ainsi soutirer des informations à Julie sans savoir que ses confidences paraîtraient dans un second article. Tout ceci l'a profondément blessée car elle n'était pas armée contre cette situation, ainsi que ma réaction silencieuse, caractérisée comme "mystérieuse" en 1998 vis-à-vis des journalistes qui ont tenté et tentent encore de m'approcher et de me persuader et d'utiliser le droit de parole. Le fait que je ne leur ai pas parlé, malgré l'insistance de F. L. à répondre aux journalistes, a été interprété comme si je voulais m'éclipser de mes responsabilités et Julie m'en a voulu à l'époque, ce qui a causé une séparation de plus de 4 ans à nouveau entre elle et moi. C'est alors que j'ai tout quitté, mon job de cadre, mon appartement que j'ai vendu, la Belgique, et pour finalement me marier avec un homme suédois et donner naissance à deux autres enfants qui ont maintenant 12 et 13 ans.

En ce qui me concerne, je n'entrerai jamais dans le jeu des journalistes peu scrupuleux qui ne voulaient que créer des conflits publics entre votre et notre famille pour y gagner de l'argent. On m'a dit tant de choses après que je préfère oublier. J'ai dû utiliser un avocat à l'époque Me G. à BXL, pour faire barrière contre la presse et arrêter leur harcèlement. Me G. en avait informé votre avocat, Me E., mais là aussi tout contact direct avait échoué.

Nous poursuivons le même but. Votre maman et moi-même voulons rester dans la discrétion et dans l'ombre. Nous voulons le bonheur de nos enfants et petits-enfants, rien de plus.

Aujourd'hui avec le recul, Julie comprend tout à fait votre attitude réservée, et elle ne souhaite pas vous forcer à la voir, elle espère seulement un élan affectif un jour, un élan de cœur au nom d'un même père qu'elle a appris à aimer et à respecter à travers ses bons côtés et ses faiblesses comme tout être humain. L'âge et la maturité aident à prendre ainsi de la distance par rapport à quelques faits qui portent ombrage.

Oui, Julie est une femme à la force tranquille, mais je sais et je pressens que la sortie du film va encore la troubler dans sa confirmation d'identité. Si vous pouviez essayer de vous mettre à sa place un instant, entendre dire que le film dévoile toute la vérité sur la vie de Claude, professionnelle et familiale – étant mise à l'écart et ignorée ainsi une fois de plus –, il sera difficile pour elle d'y rester indifférente…

Ceci me pousse à trouver le moyen juste et honnête pour lui donner une reconnaissance dans son identité et dans ses origines auquel chaque enfant a droit, sans pour autant nuire à l'image de votre et son père et sans pour autant vous faire du mal, vous n'y êtes pour rien.

Je suis sûre qu'un contact avec un de vous est la meilleure solution pour trouver une paix intérieure.

Pourquoi avoir attendu si longtemps me direz-vous peut-être ?

D'abord parce que le chemin mère-fille a été long, très long. Vous savez probablement que Julie a été adoptée 2 mois après sa naissance (elle est d'abord restée à la clinique en couveuse car elle est née à sept mois). Cette adoption s'est faite absolument contre mon gré et ceci est acté dans les déclarations du tribunal de jeunesse à Gand, que je peux vous montrer si vous le désirez. Pendant des années je me suis battue pour la retrouver ce qui n'a pas été facile car j'ignorais au départ si mon enfant était une fille ou un garçon, le médecin G. O. estimait qu'il ne fallait pas que je voie mon bébé ou que je sache son sexe car il estimait que je m'accrocherais encore plus à lui. J'ai dû donner 2 prénoms, j'ai choisi Olivier pour un garçon et Isabelle pour une fille en souvenir de votre maman que j'avais vue une seule fois en janvier 1975 à la sortie du moulin avec vous Claude. Elle était prête à partir dans sa Volvo chargée de cadeaux (grosse batterie pour enfant dans le coffre) et m'a permis de prendre une photo avec vous qui n'arrêtiez pas de faire des grimaces. Je l'avais trouvée tellement sympathique et douce, que j'ai voulu prénommer ma fille Isabelle. Oui, c'est étrange mais c'est la vérité.

En 1982 j'ai enfin retrouvé les traces de ma fille Isabelle que la famille adoptive avait prénommée Julie, mais ce n'est qu'en 1994 que j'ai pu avoir un premier contact direct avec elle. Vous voyez le temps qui a passé. Je n'ai jamais arrêté de suivre ma fille et de la voir grandir clandestinement, cachée derrière un mur d'école, un arbre, une voiture… objectif puissant à la main pour voler des photos de son enfance et de sa jeunesse.

Si j'avais pu élever seule ma fille, les choses se seraient déroulées différemment et plus rapidement. Si vous voulez tout savoir, je peux vous remettre par écrit toute mon histoire dans le moindre détail.

Claude a-t-il su que ma fille est née ? Honnêtement, je ne le sais pas, je doute, c'est mon grand point d'interrogation. Moi, je n'ai jamais eu l'occasion de le lui dire. D'abord parce que moi-même je ne m'en suis pas rendu compte tout de suite. J'étais jeune, je n'y croyais pas. Ensuite j'ai gardé cette grossesse discrète, je ne me suis confiée à personne, de peur qu'on me fasse avorter ou qu'on me fasse accoucher sous X, même mes parents ne l'ont su que le jour de l'accouchement le 15 mai. Après, on m'a empêché d'avoir tout contact avec votre père, tout était gardé, les lignes téléphoniques fermées, les courriers contrôlés, etc. J'ai vécu sous la peur et la menace.

À mes yeux d'adulte aujourd'hui et avec le recul nécessaire, personne n'est coupable, il y a seulement un homme et une jeune fille qui se sont laissés aller dans un élan de tendresse l'un vers l'autre et qui se sont laissés piéger par leur âge.

Il ne faut pas en vouloir à votre père, il ne faut pas avoir honte de ce qui s'est passé, et n'oubliez jamais que je lui avais caché mon âge réel : étant assez précoce, il pensait que j'avais 18 ans. C'est important que vous le sachiez.

Vous pouvez aussi être étonnés : pourquoi Julie ne vous contacte-t-elle pas en direct ? Elle a peur d'une nouvelle déception. Elle ne rêve que d'avoir un contact avec un membre de la famille de son père, que ce soit Josette, Marc ou vous, ou un de vos enfants, mais elle sait que vous connaissez son souhait, elle vous a écrit en 1998 et elle ne veut plus vous importuner si tel n'est pas le vôtre. Par conséquent elle adopte une situation d'attente à distance.

La dernière fois, elle m'a dit : Quel intérêt auraient-ils à me rencontrer ?

Aucun, je sais, si ce n'est le sentiment du lien de sang et affectif qui vous lie à une demi-sœur. Vous dire comment elle est, pourrait peut-être vous donner l'envie de la rencontrer, de lui parler de votre père, de lui montrer qui il était et ce que vous connaissez de lui en dehors de l'image de l'artiste qui n'a pas d'importance pour elle.

Julie est calme et réservée, obstinée, courageuse et battante, sereine, à la recherche d'une valeur spirituelle et d'un bonheur au sein d'une famille unie. Elle n'aime pas les grandes réunions et préfère être en petit groupe d'amis intimes. Elle adore ses deux enfants à qui elle donne tout son plein d'amour et d'affection. Elle aime aussi beaucoup les animaux. Elle-même a étudié la criminologie et la psychologie. Elle est divorcée, vit avec son compagnon dans un loft, elle adore la décoration et le design moderne. Elle aime voyager dans les pays chauds car elle est très frileuse.

Elle porte et supporte le poids d'un père connu par tous mais qu'elle n'a jamais connu, portant le poids aussi de ne pas être reconnue dans son origine et son identité.

Motivée par la conviction que votre père, s'il vivait encore, l'aurait voulu ainsi, discrètement, je me battrai pour qu'elle puisse être reconnue moralement dans son identité paternelle. Je n'en ferai pas ma guerre mais j'en ferai ma bataille.

Contrairement à certains qui veulent véhiculer une image irresponsable de Claude, moi je dis que votre père était un homme responsable, mais en 1977 il ne pouvait pas faire autrement.

Et c'est pourquoi j'ose faire la démarche vers vous, non pour moi, mais pour elle et vous. Je crois en l'amour, je crois en l'amitié, je crois dans la force des liens de sang qui peuvent unir frère et sœur. J'ai confiance en vous car vous avez souffert autant qu'elle. Je vous demande pardon si je vous ai causé de la peine, mais sachez que tout part d'un sentiment d'amour et de conciliation. Est-ce qu'une de nos relations communes a pu correctement vous transmettre ceci ?

Comme certains me disent que vous ne voulez pas voir Julie car vous auriez peur de la réputation de votre père, ce que je viens de dire peut apaiser votre crainte. Slim a du vous dire comment et qui nous sommes. Je voudrais également préciser que je n'étais pas une fan qui suivait votre père partout…

D'autres proches me disent que vous craignez une revendication financière. Et là aussi, je tiens à vous rassurer que ce n'est pas du tout le cas. Julie a été légitimée par adoption, ceci coupe tous les liens avec la famille d'origine, ainsi elle ne peut même pas hériter de moi en tant que maman biologique si je ne fais pas de testament avec une volonté sur la réserve disponible. Les enfants adoptés de manière plénière ne sont plus héritiers de leurs parents de sang. Ce type d'adoption provoque la perte des liens avec la famille d'origine. Julie ne peut légalement recevoir qu'une succession, celle de ses parents adoptifs, la famille Bocquet.

Je vais clôturer ma lettre sur une petite note philosophique : toutes les cellules de notre corps sont porteuses d'une hérédité, ont le souvenir de nos parents et grands-parents qu'on le veuille ou non. »

Fabienne

La lettre est restée sans réponse. Les tests ADN ne laissaient plus de place au doute. Mes demi-frères n'ont pas réagi. Je n'en ai pas éprouvé de colère, tout au plus de la tristesse. Mais je peux respecter leur choix. Je ne souhaite pas qu'ils décident de me rencontrer parce qu'« il convient de… », mais seulement s'ils en éprouvent l'envie, s'ils sont curieux, s'ils se sentent libres de le faire. Sinon, la distance est la seule option valable.

Je me cherche

Mon père était mon père. Ma mère avait tenu à m'en donner la preuve, ainsi qu'à mes demi-frères paternels. Je possède aujourd'hui une « reconnaissance biologique ». Jamais je ne pourrai assez la remercier.

Le film *Cloclo* est sorti sur les écrans. Pour tout le monde, c'était un film. Pour moi, c'était la découverte de mon père. Il m'est apparu pour la première fois comme un homme blessé qui s'est battu pour obtenir la reconnaissance de son propre père. Le thème que j'affronte moi-même en permanence. J'ai admiré son courage et sa détermination à s'en sortir après avoir dû quitter l'Égypte et y avoir tout perdu. Il m'a semblé percevoir son mal-être, son émotivité à fleur de peau… Deux particularités qui font partie intégrante de ma personnalité. Pour la première fois de ma vie, j'ai pris conscience que nous partagions tous les deux tant de choses, tant de similitudes… J'ai également découvert son côté tendre et attentionné.

La situation particulière qu'a vécue Marc, son plus jeune fils, dans son enfance m'a causé une douleur profonde. Tout comme moi, il avait vécu « caché », mais d'une manière différente. Lui aussi avait été un enfant qui n'était pas autorisé à vivre en pleine lumière, afin de préserver l'image de l'idole.

J'ai éprouvé un malaise devant le défilé des fans qui l'adulaient. Étais-je le fruit de l'une de ces relations sans lendemain ? J'ai découvert un homme rongé et fragilisé par l'inquiétude et la souffrance. Comment supportait-il de n'être pas parvenu à combler le gouffre qui le séparait de son père, à surmonter l'échec de certaines ruptures, son insatisfaction permanente, ses doutes lancinants, l'impossibilité de se ménager des plages de sérénité au sein de cette vie trépidante dont il exigeait de tout contrôler personnellement ?

J'ai peu à peu laissé le film m'atteindre, je m'en suis imprégnée. J'ai tout doucement appris à connaître mon père, je l'ai approché. Nous nous sommes apprivoisés…

Le contact avec ma mère était épisodique. Nous n'étions plus vraiment proches. Instinctivement, afin de nous protéger, nous évitions de nous retrouver dans des situations douloureuses que nous ne maîtrisions pas. Pourtant, il nous arrivait d'avoir des conversations presque intimes. J'ai davantage tendance à me laisser aller à mes émotions tandis que sa « raison philosophique » est son principal mécanisme de survie. Elle peut, par exemple, évoquer des émotions sans les vivre pleinement et cette différence fragilise notre connexion. Son besoin de raisonnement abstrait l'empêche parfois de me rejoindre.

L'une et l'autre avons été contraintes de traiter notre part de souffrance. Elle a choisi de développer des contacts susceptibles de rétablir ou d'étoffer son lien avec mon père, notamment avec Sylvie, l'habilleuse de Claude. J'ai fait sa connaissance lors d'une fête surprise organisée par le mari de ma mère pour son cinquantième anniversaire. Elle était douce et semblait me comprendre, comme si avoir si bien connu mon père lui permettait de me deviner. J'ai immédiatement eu confiance en elle. Lorsqu'elle me parlait de mon père, je pouvais la croire. Tout comme Slim, elle l'évoquait avec admiration et dévouement, elle ne tarissait pas d'éloges à son sujet. Comment expliquer cette fidélité exceptionnelle, presque de la ferveur, qui résistait à ce point au temps ?

À leur contact, j'ai continué à le découvrir, l'homme de valeur m'apparaissait, mon regard s'adoucissait enfin. J'éprouvais un besoin irrépressible de le connaître de mieux en mieux. Sylvie était douée d'une incroyable intelligence émotionnelle. Sous son regard bienveillant, j'ai peu à peu pris conscience du fait que nous nous ressemblions, mon père et moi, et elle a été le premier témoin de cette précieuse découverte. Cette évolution intérieure m'a permis de tolérer, d'accepter mon père. Sylvie m'a apporté un de ses costumes pour que je l'essaye. Il était trop long, mais il m'allait comme un gant et semblait taillé pour moi. Tout le monde était stupéfait. Enfin, je recevais un signe tangible de la part de mon père. « Je rentre dans le costume de mon père. » C'est aussi Sylvie qui m'a offert une brosse à cheveux qui lui avait appartenu. J'ai décidé de l'utiliser, établissant ainsi une sorte de connexion entre lui et moi. Sylvie m'a permis de mieux connaître mon père, d'intégrer sa sensibilité exacerbée qu'elle avait si bien comprise et analysée. En dépit de ses fameuses explosions de colère, et à travers elles, Sylvie parvenait à déceler ses blessures et avait le don de le raisonner.

Je suis aussi arrivée à replacer dans son contexte exact le lien qui existait entre ma mère et lui. L'atmosphère qui régnait à cette époque, les valeurs et les normes en vigueur, l'esprit qui nimbait ces années d'insouciance ont rendu cette relation presque anodine. Il ne s'agissait pas d'une aventure d'un jour, mais d'un lien qui s'était épanoui au fil de leurs rendez-vous. Cette conviction m'a aidée à lui pardonner. Grâce à cela, je pouvais enfin poser sur lui un regard aimant. Je pouvais aussi tolérer l'amour que ma mère lui portait et, par là, avoir une meilleure opinion de moi-même.

J'étais l'enfant de deux personnes qui s'étaient rencontrées et aimées.

Début 2007, ma vie était stable. J'étais presque apaisée et heureuse. Ma relation avec R. se poursuivait, à l'image d'une relation amicale, exempte de soucis. Je vivais ma propre vie tout en m'épanouissant au niveau professionnel, malgré deux changements d'orientation. Mon affectation précédente au sein de l'administration, exempte de tout contact humain, ne me donnait aucune satisfaction. Je souhaitais me consacrer à l'aide à la personne. J'ai alors eu l'opportunité de travailler plus près de chez moi et de laisser mes enfants moins longtemps à la garderie.

Ma mission d'accompagnatrice de jeunes et de leurs familles consistait à apporter mon aide, dans le cadre de la protection de la jeunesse, à des jeunes qui rencontraient des problèmes au sein de leur cellule familiale. Un travail que j'ai accompli avec tout mon cœur et avec toute mon âme. Je participais à des séances de travail en groupe, à des consultations individuelles et à des conseils de famille. Les blessures de tous ces enfants et de leurs familles me touchaient profondément.

Constatant mon manque de connaissances en psychologie, j'ai repris mes études parallèlement à mon travail et j'ai entamé une formation en psychothérapie dès 2010. R. m'a soutenue dans cette démarche, ainsi que mon employeur. Quelle richesse de connaissances et de compétences ai-je acquise au cours de ces études !

Pendant cette formation de quatre ans, basée sur la psychothérapie du couple et de la famille d'Ivan Boszormenyi-Nagy, j'ai à nouveau changé d'emploi et je suis devenue thérapeute spécialisée en toxicomanie. Cette formation exigeait que je suive une thérapie personnelle, ce qui représentait deux avantages : l'expérience concrète d'apprentissage du métier et le fait d'aborder celui-ci, tant convoité, « sans trop de bagages personnels non traités ».

J'ai donc entamé cette thérapie avec beaucoup d'enthousiasme. Après tout, j'étais convaincue d'avoir déjà tout résolu par moi-même. J'ai tenté de présenter simplement mon histoire, cachant mon ressenti profond. Il est vrai que mes émotions s'étaient stabilisées au fil du temps. Mais dès la première séance, la thérapeute m'a interrogée jusqu'à provoquer mes larmes. Mon masque a volé en éclats. Je conservais en moi encore beaucoup d'émotions refoulées. J'avais survécu à mon histoire, mais je ne l'avais pas analysée. Progressivement, j'ai compris que je m'étais instinctivement coupée de mes sentiments et de mes besoins. Je me méfiais et me protégeais des autres. Je me refermais sur moi-même lorsque je ne me sentais pas bien et je ne laissais rien entrevoir de mes émotions. Je m'étais sentie souvent très seule pendant mon enfance. Je me comportais comme une tortue : je me réfugiais dans ma carapace lorsque cela n'allait pas. J'évaluais les autres sur la base de leur fiabilité. Je me surpassais pour ne pas être rejetée. Mais je ne m'épanouissais pas. Je continuais à ramper dans ma « carapace ».

La thérapie s'imposait, faute de quoi mon diplôme ne serait pas validé. La thérapeute m'a conseillé de rétablir un nouveau contact « avec mon ventre », avec mes sentiments les plus profonds. Plus la thérapie progressait, plus j'étais bouleversée. Les larmes coulaient régulièrement.

Peu à peu, j'ai réalisé que l'homme avec lequel je partageais ma vie n'était pas le partenaire idéal. Nous entretenions un lien amical, mais pas un lien d'amour. Notre véritable contact se limitait à parler, nous entretenions une communion intellectuelle mais pas spirituelle. Nous étions étrangers l'un à l'autre sur le plan émotionnel. Je pénétrais dans un processus où mes émotions étaient en alerte, réveillées, tandis qu'il restait confiné dans un monde où il semblait privé des siennes. Il était un beau-père formidable, mais pas un bon partenaire pour moi dans le sens où il était incapable de répondre à mes besoins profonds. Ce constat d'échec a été le résultat de la thérapie. En sa présence, je me sentais seule. Éprouver de la solitude en compagnie de quelqu'un est un sentiment horrible. Je me souviens que lors de notre voyage en Thaïlande, alors que j'étais émue à la vue d'un paysage magnifique et que j'aurais tant aimé partager cet éblouissement, cela s'est avéré impossible. J'ai reçu cette ambivalence de plein fouet : mon bonheur était aussi cause de douleur. J'aurais voulu embrasser quelqu'un, partager le spectacle de cette splendeur dans un sentiment de totale communion… À cet instant précis, j'ai compris qu'il ne pouvait, lui non plus, être mon compagnon de vie.

Une nouvelle fois, je me trouvais face à un cruel dilemme : rester ensemble dans l'intérêt des enfants, ou nous séparer pour mon propre bien.

Je ne souhaitais pas que mes enfants fassent les frais d'un second divorce. Cela s'est pourtant produit. Nous avons décidé de commun accord de nous séparer. La tristesse des enfants était intense. Nous leur avons fait des promesses que nous ne pourrions tenir. Lui comme moi avons très vite noué de nouveaux liens et le contact régulier auquel nous nous étions engagés s'est rapidement rompu.

Une quête de l'amour

Plus je ressentais d'émotions, plus je percevais mes besoins de contact profond et d'amour.

Je voulais connaître l'amour. Je voulais apprendre à nager dans cette mer inconnue. Avec force, la thérapie avait réveillé ce désir en moi. Lorsque ma vie me semblait étriquée, R. représentait pour moi un gage de sécurité et une relation privée d'émotions me paraissait rassurante. Maintenant qu'elle m'avait rendue perméable, j'osais m'autoriser à aimer. Ignorant la souffrance que l'amour pouvait susciter, j'étais prête à sauter. Prête à nager, ne réalisant pas qu'il me fallait apprendre. J'aurais voulu marcher alors que je ne faisais que ramper.

Plus je m'intéressais à mon père biologique, plus j'avais hâte de trouver la paix dans les bras d'un homme. Plus je lui permettais d'entrer en moi, plus j'en ressentais le manque. Je croyais combler ce vide en autorisant l'homme qui partagerait ma vie à m'offrir l'amour nécessaire et indispensable.

La thérapie m'a appris à exprimer mes opinions et mes sentiments. Je devais prendre ma place. La jeune fille fragile devait devenir une femme adulte. Au lieu de me montrer agréable, d'être une personne « lisse », je devais apprendre à dire non. Aujourd'hui encore, cela reste difficile pour moi. Ce travail m'a aidée, plus tard, à oser sortir de l'ombre.

J'ai imaginé que je rencontrerais rapidement l'homme de ma vie, mais rien n'a été moins vrai. Tout d'abord parce que je ne voulais pas de nouveau choisir quelqu'un qui ne me conviendrait pas. En outre, j'ai été confrontée à la volatilité et au manque de sincérité de certaines rencontres.

Les années qui s'annonçaient allaient se révéler les plus difficiles que j'aie traversées. J'étais vraiment seule pour la première fois. Mon idéal de la famille exemplaire s'était évanoui. J'étais mère célibataire. Et j'étais une femme qui avait des besoins. J'ai commencé à pratiquer de manière intensive le bikram yoga, et en suis devenue totalement accro. J'ai multiplié les sorties au restaurant, les spectacles. La thérapie m'avait fait découvrir mon besoin de contacts. Je me suis rapidement fait de nouveaux amis. Je me suis amusée - du moins pendant la première année - comme si je pouvais enfin vivre mon adolescence. J'ai développé deux vies parallèles : l'une en tant que mère, l'autre en tant que célibataire.

La quête de l'amour équivalait à une recherche longue et pénible.

Mes parents m'ont fréquemment aidée, sur le plan financier mais aussi en pratique, en gardant les enfants. Il n'est vraiment pas facile d'être mère célibataire… J'ai apprécié les sorties au début mais je m'en suis lassée rapidement. À nouveau, j'éprouvais le besoin intense de construire une famille, un foyer serein et paisible, qui serait couronné par la présence de celui avec lequel je serais unie par la passion et un bonheur sans nuage. Je rêvais d'un lien exclusif et partagé. Cependant, je dépendais encore trop de l'autre pour éprouver un sentiment d'identité.

Qui allait m'aider à exister ?

Lorsque j'ai pris conscience de cette peur, j'ai découvert la chanson *En attendant* de mon père et j'ai totalement intériorisé son extrême émotivité, particulièrement palpable dans le film *Cloclo*… Comme lui, j'éprouve un vide immense lorsque je ne suis pas en couple, une peur irrépressible d'être abandonnée… Tant d'amour à donner, tant d'amour indispensable pour exister.

La relation que j'ai nouée ensuite avec P. n'était pas saine. Nous étions deux enfants blessés qui craignions de nous perdre, nous cramponnant l'un à l'autre. Notre relation a duré deux ans. Il avait dix ans de plus que moi et peut-être a-t-il jugé qu'il avait le droit de me dominer, exigeant d'exercer un contrôle permanent sur ma vie. D'une jalousie excessive et malgré l'amour qu'il me portait, il éprouvait le besoin de toujours avoir raison, ce qui a inévitablement provoqué de terribles querelles. Une scène particulièrement pénible a précipité notre séparation.

Je suis allée vivre chez mes parents pendant quelques semaines afin de ne pas retomber dans cet amour destructeur. J'ai commencé à penser que l'amour n'était pas fait pour moi. J'avais aimé cet homme, mais il était nocif pour moi. Pourquoi ?

Quelques mois plus tard, j'ai rencontré E. dans un café où je me rendais souvent. Une force magnétique nous a attirés l'un vers l'autre. J'ai cependant décidé de ne pas entamer une relation, car il était marié. Mais il m'a recherchée. Il m'a confié que son mariage était un échec. J'étais si désireuse de le croire que, déjà, je m'imaginais partager sa vie. « Nous mangeons tous des mensonges lorsque nos cœurs ont faim » (dicton anglais). Les parenthèses que nous partagions étaient magiques, peut-être parce qu'elles étaient interdites. Il y a cependant renoncé, privilégiant sa famille. Je suis restée seule, murée dans ma douleur. Un événement terrible est alors survenu, moins de trois mois après notre rencontre. Un jour, après l'avoir vainement attendu, j'ai appris que, victime d'une rupture de l'aorte survenue lors d'un entraînement sportif, il était tombé dans un coma profond. Mon monde s'est effondré. Je n'avais pas encore compris que j'étais destinée à vivre à l'ombre de sa vie. Il est resté plusieurs semaines dans le coma. L'angoisse me paralysait et je ne pouvais avoir de contacts avec lui. Ma mère, face à ma douleur, a usé de subterfuges pour obtenir de ses nouvelles. Quand j'ai enfin pu appeler, une infirmière m'a répondu et j'ai entendu E. dire : « C'est mon épouse ? » Ça a été le premier coup de poignard, présageant des mois de souffrance à venir. Ont suivi deux années pénibles, minées par l'hésitation permanente de E. entre son épouse et moi, entre le passé avec elle et l'avenir avec moi, entre les certitudes de son mariage et l'inconnu d'une relation avec moi. Mes rêves se sont évanouis. Souvent, j'ai voulu mettre fin à notre relation, mais, à chaque fois, il revenait vers moi. J'éprouvais une telle soif de clarté et de certitudes, et la vie m'offrait tout le contraire…

Durant cette période où je vivais cette relation amoureuse en cachette, j'ai été sollicitée par F. P., journaliste de la chaîne *Paris Première*. Il me proposait de participer à un documentaire télévisé dans lequel je dévoilerais ma filiation. Je ne cherchais pas la célébrité et je nourrissais une profonde méfiance à l'encontre des journalistes depuis l'épisode de *Voici*, une vingtaine d'années plus tôt. J'avais apprivoisé le secret de mon identité.

Mais je ne voulais plus me cacher, ni dans ma relation ni dans ma filiation. Je voulais « valoir davantage ». Mon père ne pouvait plus me reconnaître, mais moi, je le pouvais. Ces dernières années, j'avais appris à l'aimer grâce aux témoignages de certains de ses proches. Mon amour pour lui ne devait plus rester dans l'ombre.

Je sors de l'ombre

Oser revendiquer l'amour, enfin…

Après avoir vécu quarante ans sans officialiser ma véritable filiation, j'avais de la peine à distinguer quelle était cette force qui m'animait et éclairait soudain ma réflexion. Aux circonstances floues de ma naissance s'ajoutait la difficulté de vivre depuis deux ans un amour interdit. La situation familiale d'E. ne m'autorisait pas à vivre cet amour en pleine lumière, tout comme mon père biologique n'avait jamais eu l'opportunité d'y répondre. L'amour a pris les traits d'hommes qui ne disposent pas de leur liberté.

Les peines successives de ces deux années résumaient parfaitement mon parcours psychologique. Ce besoin criant d'amour vrai, dans sa noblesse et sa nudité, sa ferveur et ses exigences, cette terreur viscérale de l'abandon et de la solitude me rapprochaient encore de mon père. Chagrin et angoisse qui me menaient insidieusement sur le chemin du désespoir… Je prenais alors conscience de cette réalité brute et de ce besoin irrépressible d'affronter seule les caméras. Seule. Sans Éric. Sans mon père. Irrémédiablement seule, faisant fi des conséquences imprévisibles de cette démarche et pourtant déterminée à les affronter.

E. était-il indirectement à l'initiative de ma décision, lui qui m'avait appris qu'il est insupportable de ne pas « existera » lorsque seule l'ombre vous est consentie ? Le fait que me soit refusée la légitimité de ma relation avec cet homme marié se conjuguait à ma souffrance de n'être « que » la fille cachée de… Ce qui m'était interdit dans le cadre de ma relation avec E., soudain, cessait de l'être en tant que « fille de… »

Le 2 novembre 2017, j'ai enregistré un entretien en exclusivité pour la chaîne *Paris Première*. L'émission a été diffusée le samedi 10 février 2018. Ce jour-là, je suis sortie de l'ombre.

Après la lumière

Je n'éprouve aucun regret d'avoir choisi de sortir de l'ombre. De m'être octroyé le droit d'exister comme la fille de Claude François, dans sa lumière.

En effet, si mon histoire a été médiatisée, c'est avec mon accord. J'avais cependant sous-estimé l'impact de cette révélation. En dépit des années écoulées, elle a fait l'effet d'une bombe. La pression et l'intérêt qui en ont résulté ont été énormes et écrasants. Jamais je n'aurais pu imaginer l'actualité de mon père quarante ans après sa mort. Son énergie est si tangible parmi son public qu'on pourrait encore le croire vivant.

J'ai rencontré de belles personnes qui se sont montrées bienveillantes à mon égard. Mais j'ai bien sûr également croisé des requins. Il m'a été difficile de distinguer ceux auxquels je pouvais accorder ma confiance de ceux dont il fallait me méfier. Pour certains, je représentais un cadeau, pour d'autres un monstre. Je n'ai donc pas échappé à certaines réactions négatives, mais j'ai réussi à les surmonter.

J'ai puisé ma force et ma détermination dans toutes les réactions positives et chaleureuses. Entendre à quel point je lui ressemble, être aimée et appréciée par certains fans ont aidé à ma guérison. Je me sens bien parmi eux, je suis sa fille, comme si je recevais une part de l'amour qu'ils lui portaient.

Mon père a toujours vécu dans leur sillage et, grâce à eux, il m'a été permis d'exister enfin. L'amour est universel. Le fait d'être autorisée, en tant que sa fille, à pénétrer dans le monde de mon père, au cœur de son public, a agi sur ma plaie comme une cicatrisation.

Je me suis sentie poussée par une force incontrôlable pendant tout ce cheminement. Comme si c'était lui qui le voulait. Comme si la marche de l'Univers exigeait que ce droit fût respecté. Si j'ai enfin choisi de relater cette histoire, c'est pour l'honorer, pour lui prouver mon amour, et non pour le salir comme certains ont voulu le faire croire. Jusqu'alors, je n'en avais pas été capable parce que je n'avais pas encore découvert son vrai visage ni la valeur de l'homme qu'il était. À aucun moment, je n'ai imaginé lui faire le moindre reproche, il me suffit de l'accueillir comme mon père.

Mais pourquoi maintenant ? Je pense avoir longuement décrit, au cours de ce livre, le chemin parcouru pour y parvenir. Il me fallait être solide pour partager cette vérité avec le monde extérieur, car j'ai été projetée dans une véritable tempête médiatique. Suivre une thérapie préalable a été indispensable pour évaluer les étapes de cette démarche. Oser demander et pouvoir recevoir ma reconnaissance. Le fait de n'avoir pu me rapprocher de sa famille était compensé par la reconnaissance de son public.

Si, personnellement, j'étais prête, tout le monde ne l'était pas. Ma vie personnelle était encore trop instable.

E., toujours en plein divorce, ne constituait pas une épaule suffisamment solide pour moi. Il n'a perçu ni l'ampleur de la tourmente que je traversais ni la place qu'il aurait pu occuper à mes côtés. D'autre part, l'incertitude qui entourait notre relation ne nous aidait pas.

Ma fille aînée affrontait les difficultés de l'adolescence. De caractère rebelle, indépendant et volontaire, elle se cherchait et aurait eu besoin d'une présence maternelle plus forte que celle que je pouvais lui offrir à ce moment. Bouleversée par les médias, je ne lui ai pas apporté le soutien dont elle avait besoin. Ma fille cadette s'est courageusement tenue droite dans la tempête.

Mes parents ont assisté, en retrait, à ces événements qui ne les satisfaisaient pas.

Ma mère a à nouveau disparu. Même si elle m'avait déjà guidée à plusieurs reprises dans ma démarche, le fait d'affronter la presse a fini par être extrêmement douloureux pour elle. Malgré son désir de m'aider, elle s'est rapidement réfugiée en France pour se soustraire autant que possible à la tempête. Il s'agissait de mon choix, nullement du sien. Refusant farouchement de s'exprimer, elle voulait à tout prix protéger son histoire avec Claude et en préserver toute la profondeur… mais personne ne semble à même de le comprendre.

Malgré tout, je me devais de parcourir ce chemin difficile. À défaut, j'aurais vécu le reste de mes jours avec ce regret. Il me semble avoir attendu assez longtemps. Je me sens plus apaisée maintenant et, même si l'histoire est pénible, j'ai acquis ma place dans son monde.

Chercher la reconnaissance d'un père, définitivement absent mais toujours célèbre, n'est pas anodin. Le parcours s'est révélé délicat mais je suis heureuse d'en avoir surmonté les embûches. Il a contribué à auréoler l'image que j'ai de lui. Intégrer son public, auquel il a sacrifié sa vie personnelle, m'a rapprochée de lui. La magie qu'il lui a offerte durant seize ans est toujours partagée avec ferveur aujourd'hui et j'en ressens une immense fierté.

Il me faut maintenant reconstruire ma propre vie avec ceux qui ont partagé mes souffrances et mes insécurités. Avec mes parents, ma mère et mon père aussi. Et surtout pour mes filles qui méritent toute mon attention, tout mon amour. Elles entament maintenant la recherche de leur propre identité. J'espère que, grâce à ce récit, elles comprendront celle que je suis devenue et qui elles sont aujourd'hui, car elles portent en elles mon histoire et mes gènes.

Lettre à mes parents

Chère Maman, cher Papa,

Je ne pourrai jamais suffisamment vous remercier pour le dévouement dont vous avez fait preuve à mon égard. Vous m'avez élevée avec rigueur parce que, à vos yeux, il s'agissait de la meilleure éducation. Je ne l'avais pas compris et j'ai voulu faire le contraire avec mes filles. Je les ai élevées avec plus de faiblesse et de laxisme. Maintenant, j'admets que j'aurais dû me montrer plus stricte. Les règles constituent un rempart, une protection.

Je réalise maintenant à quel point il a dû vous être difficile d'élever un enfant qui n'était génétiquement pas le vôtre. Quel amour et quel courage représente un tel engagement pour la vie ! Vous êtes toujours là lorsque j'ai besoin de vous. Vous me prêtez toujours main-forte, que ce soit sur le plan pratique ou financier. En dépit de nos dissensions, de nos divergences de vues, parfois même de nos affrontements, vous persistez dans votre soutien.

Maman, tu te bats comme une lionne pour le bien-être de tes enfants et de tes petits-enfants.

Papa, tu as été le soutien silencieux et indéfectible sur lequel nous avons toujours pu compter.

Vous avez toujours veillé à nous assurer un avenir brillant, exempt de préoccupations matérielles. Quand je me suis retrouvée seule, vous êtes restés ma sauvegarde.

Merci de m'avoir accueillie à la maison à chaque fois.

Merci pour le foyer que vous m'avez offert.

Merci de toujours m'avoir tendu vos mains secourables.

Merci de ne m'avoir jamais laissée tomber.

Vous n'avez jamais cessé de m'aider, notamment l'année dernière, alors que ce n'était pas facile à assumer.

Je suis consciente de toutes vos bonnes intentions. Sachez que je les apprécie et que je suis fière de porter votre nom. Je suis consciente aussi de ne pas m'être toujours comportée comme l'enfant adoptée la plus facile à élever.

Ce livre raconte l'écheveau des émotions et de pensées complexes qui m'ont animée durant toutes ces années. Vous m'avez toujours considérée comme votre enfant. Vous êtes toujours présents et concernés, comme agissent les vrais parents.

Je me sens « votre fille » et ce sentiment, profondément ancré en moi, est indestructible.

Julie

Lettre à ma mère

Nanou,

Ta lettre est certainement la plus difficile à rédiger. Peut-être parce qu'elle est la plus complexe.

Notre première rencontre a été l'un des plus beaux moments de ma vie. La puissance du sang et du lien mère-fille était éblouissante et écrasante.

Nos blessures personnelles nous ont ensuite séparées. J'étais l'enfant exigeante qui voulait rattraper toutes ces années. Tu avais dû apprendre à vivre sans moi et tu concentrais tous tes efforts à aborder la vie de la façon la plus positive possible. Je suis jalouse de cette énergie vitale qui survit en toi malgré la souffrance. Je pense que cela t'empêche parfois d'entrer en réelle communication. Que tu privilégies l'analyse philosophique intérieure à la libération de tes véritables émotions. Ta réflexion est le principal acteur de ton sauvetage. Tu t'y perds parfois et tu m'y perds parfois. Pendant tes débats, tu oublies parfois de te trouver à mes côtés.

J'extériorise trop mes émotions.

Tu réussis toujours à mettre en exergue les éléments positifs. Tu as parfois la faculté magique de me rassurer, même dans mes périodes de désespoir. Tu es un être instruit et intelligent.

Tu es une femme belle, intérieurement et extérieurement.

Tu as tout fait pour m'offrir le droit d'exister. Tu as tout affronté pour voir m'accorder cette place dans le monde. Parce que tu es convaincue de l'amour qui te liait à mon père et que tu continues à y croire.

Tu n'ignores pas que j'ai éprouvé de la colère lorsque tu m'as quittée après m'avoir retrouvée. Sous la colère se dissimule toujours de la souffrance. Le livre décrit mon désespoir lorsque j'ai assisté à la construction de ta nouvelle famille. Ma colère ne semble jamais complètement évanouie car elle souffre toujours de la douleur originelle. Celle de l'abandon.

Notre thérapeute l'exprime avec délicatesse : « Trouvez les vrais coupables. » Tu te sens coupable alors que tu n'as jamais cessé de t'opposer vigoureusement à l'adoption. Quant à moi, ce n'est pas de ma faute si j'ai été abandonnée. On ne peut rien reprocher à un bébé innocent. Tu n'étais responsable de rien, tu voulais nous protéger, mon père et moi. Tu as enfin pu accéder au pardon.

J'ai suivi ton exemple, tant bien que mal. Mes émotions me barrent parfois la route.

La vie est encore susceptible de nous opposer. Nos routes se croiseront encore. Nos émotions peut-être aussi… Si nous sommes toutes les deux prêtes pour cela, sans que cela ne nous fasse trop mal…

Julie

Lettre à mon père

Que puis-je dire sans vraiment te connaître, sans jamais avoir pu échanger avec toi, alors que je ressens intimement que tant de choses nous lient ?

Ce manque que j'ai de toi est indescriptible. Les facettes du prisme que me renvoie notre histoire sont multiples… Lorsque je considère l'artiste, je découvre un étranger. Lorsque je tente d'approcher l'homme secret et véritable, je perçois, en moi et chez mes filles, tant de ressemblances troublantes. Cette évidence me transperce…

Je me demande ce que nous aurions pu nous dire, comment nous nous serions aimés et aussi comment nous aurions géré les affrontements qui n'auraient pas manqué de se produire… Notre sensibilité à fleur de peau, notre « tempérament d'écorchés » nous auraient immanquablement opposés quelquefois…

Mille fois, j'ai vécu cette étreinte imaginaire qui hante ma vie : tes bras immenses se seraient ouverts pour m'accueillir, se seraient refermés sur ma fragilité et j'aurais trouvé ma place dans ton cœur grand comme le monde… Mais le destin nous a déchirés.

J'ai beaucoup voyagé. Je me suis dispersée. Trompée. Perdue. Longtemps, je t'ai nié parce que tu nous avais blessées, ma mère et moi. Parce que, inconsciemment, je te rendais responsable de mon statut d'enfant abandonné, puis adopté, j'ai refusé farouchement d'apprendre à te connaître.

Jusqu'à ce que je rencontre ma mère... puis d'autres personnes bienveillantes et honnêtes qui avaient compté parmi tes proches et qui te décrivaient avec pudeur et transparence. Avec admiration aussi.

Jusqu'à ce que l'histoire de ta vie me parvienne et me pénètre... Cette trame que j'ai peu à peu faite mienne. J'ai alors réalisé que tu étais également un homme blessé. Blessé, meurtri et constamment à la recherche de l'amour absolu pour soulager tes souffrances. J'ai appris à déceler une ombre furtive dans un regard, le rayonnement solaire dans un sourire...

Je te cherchais partout et tout le temps... Je « volais » des fragments de ta vie pour me la raconter, pour te construire à mes côtés. J'étais prête à tout pour partager avec toi un moment d'éternité surgi du néant... Peut-être me suis-je assagie...

Parallèlement, tu m'as aidée à sortir de la nuit. Soudainement, j'ai éprouvé le besoin impérieux de mettre en lumière notre lien. Une exigence. Je me suis sentie investie de cette mission, presque sacrée, que moi seule pouvais porter.

Je réalise maintenant le tourbillon qu'avait été ta vie, que tu avais certes appelé de tous tes vœux mais qui, insidieusement, t'avait englouti, même si toujours tu tentais d'en conserver le contrôle. Je me demande si tu as été heureux.

Je me demande si tu as été informé de na naissance. Si oui, ce que cette annonce a provoqué en toi… Si tu l'as ressentie comme une étincelle de joie… J'ai su que tu avais dû vivre privé de la « reconnaissance » de ton père et que ce fardeau t'avait marqué à jamais. Je subis un drame identique… Et pourtant… Nous sommes à la fois étrangers et tellement proches…

J'ai compris qu'en toi rayonnait une personne exceptionnelle, dotée d'un charisme inouï, toi qui cultivais cette faculté de rendre tant de gens heureux, qui avais le don de semer le bonheur.

Ta sensibilité exacerbée prenait deux chemins. Elle s'exprimait avec force et panache par le biais de cet amour énorme que tu distribuais, mais aussi au travers de périodes plus sombres où régnaient la colère et la désillusion. Comme il est ardu et difficile de vivre au rythme d'un cœur si perméable, si sensible… Ce cœur – ton cœur – bat dans le mien, j'en ressens l'élan le plus ténu, la chute imperceptible, l'agitation sourde… Comment parvenir à intégrer cette bouleversante perception ? Peut-être en m'acceptant maintenant telle que je suis, porteuse de notre histoire avec cette fierté, cette tendresse, cette élégance du cœur qui nous caractérisent…

Mes enfants, tes petits-enfants, ont le droit d'accéder à la quiétude, tout comme ma quête de sérénité me paraît légitime. La connexion invisible qui nous lie est permanente. Je veux croire que nous nous rejoindrons dans un temps et un espace différents. C'est « notre chemin »…

Je voudrais te dire, comme tu l'exprimais avec ferveur à ces milliers de fans qui te vénéraient : « Ne me laisse pas… »

Julie

Partie 3

Mon cheminement

1. Naissance : perte et désespoir

Grâce à ma formation, je sais que le lien entre la mère et son enfant naît dans l'utérus. Il résulte d'une combinaison d'événements physiques, psychologiques et spirituels. Si un schisme intervient après la naissance, il provoquera un sentiment d'abandon dans le subconscient de l'enfant qui ne disparaîtra jamais.

Cet abandon, que j'ai dû revivre à plusieurs reprises dans ma vie, est pour moi une chose insupportable et me renvoie inexorablement à cette blessure originelle. Celle-ci a déterminé toute ma vie et mes relations. C'est une forme de handicap, malheureusement souvent sous-estimé. Ce terrible sentiment de perte et d'abandon a été accentué par ma mise en couveuse. Je n'ai pas reçu l'accueil chaleureux que l'on sait si important pour les nouveau-nés. J'ai été immédiatement séparée de ma mère avant d'être confiée à une famille à l'âge de deux mois.

Lorsque mes parents m'ont révélé que j'étais une enfant adoptée, je me souviens en avoir ressenti une « confirmation », comme si, inconsciemment, je le savais depuis toujours.

La plupart du temps, les gens ignorent la souffrance que peut causer une adoption, ce qui rend la blessure plus douloureuse encore. L'enfant doit se sentir heureux et reconnaissant d'avoir été adopté. L'adoption est toujours perçue comme une solution, alors qu'elle reste une expérience perturbatrice pour l'enfant, quel que soit son âge.

Même si ma mère adoptive a fait le maximum, elle ne pouvait évidemment concurrencer le lien qui m'avait unie *in utero* à ma mère biologique. J'ai toujours cherché à retrouver ce lien originel. J'ai enfin pu le ressentir lorsque j'ai rencontré ma mère à l'âge de 17 ans.

J'ai toujours eu une peur panique d'être rejetée. Cette angoisse subsiste en moi aujourd'hui encore. Le bébé qui a brutalement été arraché à sa mère continue à exister en moi. Serai-je à tout jamais « la mal-aimée » ?

2. Relations : l'amour est un danger

Il est évident que j'éprouve beaucoup de difficultés à accorder ma confiance, à qui que ce soit. La perte – même éventuelle – d'une personne qui m'est précieuse me ramène immanquablement à cette blessure primaire. Le désespoir s'installe. L'amour me met en danger. Dès lors, je garde toujours une certaine distance qui m'évite d'être trop vulnérable. Mes parents adoptifs ne se montraient pas toujours très chaleureux. De mon côté, je n'acceptais pas l'amour qu'ils voulaient me donner. Je crains d'ailleurs que ma mère adoptive se soit souvent sentie rejetée, elle aussi. Mais la peur que Maman me quitte également m'était insupportable.

J'ai tenté d'accorder ma confiance à quelques hommes, mais ça n'a été possible qu'après avoir mené un travail approfondi en thérapie. Malheureusement, la terreur de l'abandon restait latente. Maintenir une distance-proximité idéale avec mes partenaires constituait un défi permanent. Tout comme avec ma mère, j'aurais aimé que mes compagnons soient constamment à mes côtés pour que je me sente bien et en sécurité.

> Le postulat selon lequel l'adoption est un merveilleux geste désintéressé et non un fait traumatisant dans la vie d'un enfant est un mythe. Les enfants ressentent qu'ils sont dans l'obligation de se sentir heureux, alors que certains éprouvent une intense douleur psychologique et que la dépression les guette. Se voir interdire d'évoquer leur souffrance et de pleurer ouvertement pousse ces enfants à « se retirer du monde ». Souvent, ils ne peuvent identifier ni expliquer cette morosité qui les accompagne. L'environnement proche néglige ce deuil non traité, ce traumatisme étouffé, qui génère de lourds problèmes psychologiques qui peuvent rester enfouis et, soudain, ressurgir à la faveur de certains événements. En ce qui me concerne, ceux-ci sont particulièrement perceptibles au sein de mes relations amoureuses, tant au début (peur anticipée de l'abandon) qu'à la fin de l'histoire (désespoir écrasant).

Une part sombre existe en moi sur laquelle je ne peux exercer aucun contrôle. Celle-ci se dévoile lorsque je souffre. Mes réactions sont alors très impulsives et imprévisibles. C'est comme si ma « blessure » s'exprimait. La petite fille réapparaît alors et réagit à un rejet ressenti, parfois par une colère extrême. La colère constitue un puissant antidouleur… La Julie adulte se doit alors de porter secours, avec compassion, à la petite Julie… ce que résume, avec finesse, mon psychologue : « Prends soin d'elle : maintenant, tu en es capable. »

Je peux me montrer très têtue. Celui ou celle qui me blesse en fera les frais. Lorsque ma mère m'a annoncé qu'elle entamait une nouvelle relation – ce qui, à mes yeux, impliquait qu'elle m'abandonnait à nouveau –, je l'ai chassée. Je n'autorise pas ceux qui m'ont quittée à me revoir. Le risque est pour moi tout simplement trop énorme, ingérable. Je veux tout contrôler. J'analyse toutes les situations et décide ensuite dans quelle mesure je peux accorder ma confiance. Rien ne va de soi.

3. Les loyautés

Longtemps, j'ai cru qu'il me fallait choisir entre mes parents adoptifs et mes parents biologiques. Je ne me sentais pas libre.

Mes parents biologiques m'ont donné la vie ; une fidélité existentielle me lie à eux. Aujourd'hui, je fais en sorte que chacun d'entre eux trouve « sa place » dans ma vie. Je convie ma mère biologique aux moments importants de ma vie, comme mon mariage et la communion de mes filles. J'ai réussi à accorder à mon père biologique disparu une place dans ma tête et dans mon cœur.

J'ai authentifié ma loyauté envers mes parents adoptifs, qui ont endossé la responsabilité de mon éducation, et j'ai reconnu tout le bien qu'ils m'avaient apporté.

Avant, ces deux loyautés s'affrontaient. Cette tension n'existe plus aujourd'hui. Cette loyauté « partagée » m'a permis d'acquérir ma liberté et de trouver ma place grâce à cette double reconnaissance.

4. Relations avec mes partenaires

Une fois que vous ouvrez votre cœur à l'amour, vous permettez à la douleur de la « perte éventuelle » de s'infiltrer. L'expérience de l'abandon à la naissance se poursuit dans les étapes successives de la vie.

Cela m'apparaît d'une façon flagrante dans le cadre des relations de couple. Je ne cesse de ressentir cette terreur cruelle. Chaque forme possible d'abandon, ou même chaque menace d'abandon me projette dans une peur indicible. L'éventualité d'une séparation est susceptible de provoquer en moi une panique irrationnelle. Il me semble alors disparaître dans le néant. Ce sentiment est insupportable. Mon partenaire reste stupéfait face à ma réaction disproportionnée et est incapable de la comprendre. Un simple retard peut générer une réaction de panique.

Le fait d'avoir été « cédée » a influencé mon psychisme, à tel point que je ne me sens jamais « assez bien », comme si je portais la responsabilité de cet abandon. *A fortiori*, je ne me sens jamais digne d'un homme ni de son amour. Pourquoi voudrait-il poursuivre notre relation ? Si je pressens qu'un homme pourrait me quitter, je préfère anticiper sa décision. Il est préférable d'être l'auteur de ce rejet que d'en être la victime.

Je teste toujours les gens pour jauger la sincérité de l'intérêt qu'ils me portent. Je procède de façon subtile, afin qu'ils ne s'en rendent pas compte. Mais la chose la plus douloureuse est que je me rejette moi-même. Incapable de croire en moi, en mes capacités, en l'attrait que je peux exercer, je me condamne. Si j'apprécie la compagnie de quelqu'un, je ne peux imaginer que cela soit réciproque. J'éprouve encore davantage de difficultés à intégrer que nous puissions prolonger notre relation, comme si j'en pressentais la fin inéluctable. Je ne crois pas à un bonheur continu.

Il m'est très difficile de me lier. Dès que le lien existe, il m'est encore plus douloureux de me séparer ou de renoncer à la personne, même dans le cas d'une relation nocive.

Le spectre du divorce l'emporte sur une relation inadéquate. J'étais incapable de renoncer à ma relation avec P., même si elle était destructrice. Alors qu'E. hésitait entre sa femme et moi, je ne suis pas parvenue à mettre fin à notre relation. Chaque fois qu'il me quittait pour regagner le domicile conjugal, j'éprouvais une souffrance extrêmement pénible… Mais je ne pouvais envisager une séparation définitive.

Je me rends compte qu'un homme doit faire preuve de beaucoup de patience et d'empathie avec moi. Il doit m'apporter sans cesse la preuve de son amour et de son engagement.

Comme si je considérais comme impossible d'être appréciée…

D'un point de vue rationnel, je parviens progressivement à faire taire ce sentiment. D'un point de vue irrationnel, il persiste en moi, même si, l'âge aidant, il se fait de plus en plus discret.

5. Impuissance

Le fait de ne pas avoir conservé de souvenirs conscients de cette séparation n'enlève rien à la pertinence des émotions et des sentiments qui en découlent.

Le lien qui m'unissait à mes parents biologiques a été brisé de façon brutale. Ce n'est donc pas une coïncidence si j'exige de tout contrôler d'une manière maladive, de maîtriser ce qui m'échappe afin de compenser ce sentiment permanent d'impuissance lié aux circonstances de ma naissance. Le fait que j'aie été arrachée aux bras de ma mère contre notre volonté à toutes les deux a fait naître en moi un terrible sentiment d'injustice, même si mes parents adoptifs m'ont toujours traitée comme leur enfant. J'ai souvent l'impression de ne pas avoir d'emprise sur le monde. Je pense aussi être incapable d'influencer les circonstances de ma vie. Comme si un drame était toujours susceptible de se produire…

6. Analyses théoriques

« Les personnes qui m'entourent vont-elles rester à mes côtés ? Leur amour est-il véritable ? Digne de confiance ? » Certaines adoptions échouent en raison du « comportement de test » parfois extrême des enfants. Ceux-ci régressent, veulent obtenir ce qu'ils

n'ont pas obtenu à la naissance. Ils exigent d'être l'objet unique de tous les soins, de toutes les attentions, comme le serait un nouveau-né.

La phase régressive constitue la première étape du processus de guérison, mais elle peut être dépassée de façon progressive dans un climat de confiance. Il est crucial que l'enfant n'ait pas l'impression d'être « laissé pour compte ». Développer des trésors de patience est indispensable.

J'ai très nettement éprouvé ce sentiment lors que j'ai retrouvé ma mère. Ce qui explique que je ne pouvais supporter qu'elle reprenne le cours de sa vie et rencontre des amis ni qu'elle entame une nouvelle relation amoureuse.

Adopter ou retrouver un enfant signifie se trouver face à un enfant frappé d'un handicap émotionnel. De nombreuses études démontrent l'importance et les conséquences de cette blessure primaire, qui concernent même les enfants ayant été adoptés immédiatement après la naissance.

La discontinuité entre la phase prénatale et la phase postnatale provoque un traumatisme irréversible. L'unité mère-enfant a été brisée. Or, c'est au sein de ce processus que s'instaurent les sentiments de sécurité, de confiance et d'amour qui garantissent au nouveau-né un fondement solide et serein : une image de soi positive qui permet d'affronter le monde et toutes les étapes de la vie. Il est toujours souhaitable, et même recommandé, que l'enfant et la mère se retrouvent, car les enfants adoptés en ont besoin pour « compléter leur identité ». Même à l'âge adulte, les enfants continuent à se sentir « victimisés » et éprouvent d'énormes difficultés à prendre leur vie en main.

Les personnes adoptées ont souvent le sentiment qu'elles ne valent rien. Cette conviction les poursuit et reste ancrée dans leur psychisme, quelles que soient les explications rationnelles qui leur ont été données quant aux circonstances de leur naissance. L'enfant adopté sabote souvent les choses positives qui lui arrivent… tout simplement parce que cela ne correspond ni à l'image qu'il entretient de lui-même ni à sa vision du monde. Les sentiments prennent toujours racine alors que les enfants sont encore privés de langage. Les sentiments de peur, de douleur, de colère, de culpabilité, de mépris de soi restent latents et sont susceptibles de se réveiller à la moindre sensation de rejet.

Il s'agit là de sentiments profonds, source d'un comportement intense. Un bébé privé de sa mère à la naissance ne ressent pas la sécurité des émotions générées par la relation symbiotique avec celle-ci. L'enfant adopté n'abandonnera jamais la recherche de sa mère biologique. Si la retrouver s'avère impossible, sa déception sera considérable et suscitera parfois l'impression d'avoir besoin de quelqu'un pour survivre. C'est pourquoi les séparations lui sont toujours insupportables.

Les personnes adoptées s'attendent à ce que les autres compensent les besoins primaires qui n'ont pas été rencontrés dans leur prime enfance. C'est malheureusement impossible. Elles doivent donc apprendre à pleurer la perte inéluctable d'un passé à jamais révolu, à ne pas dépendre des autres mais à satisfaire elles-mêmes leurs propres besoins.

7. La plus grande peur reste celle d'être abandonné

Cette peur terrorise l'enfant et l'enfant devenu grand. En tant qu'adulte, il arrive que quelqu'un vous quitte, mais ce n'est plus un « abandon ». Vous vous ressaisissez, vous n'êtes plus sans défense. Tant que le traumatisme initial de l'enfant adopté n'a pas été traité, il continuera à répondre de façon inappropriée à certains stimuli. Par exemple, il arrive qu'une colère disproportionnée semble surgir de nulle part. Une rupture peut être si douloureuse que la vie en devient insupportable. L'adulte se retrouve perdu sur les rives de l'enfance. La personne en nourrit une image d'elle-même plus négative encore, alors que son comportement est parfaitement explicable par ce traumatisme dont il n'a pas conscience.

8. L'adoption doit être la dernière solution

En ma qualité à la fois de psychothérapeute et de personne adoptée, j'ai cependant tenté de démontrer qu'il ne s'agit pas d'un contexte idéal dans lequel tout le monde partage une vie de bonheur pour l'éternité. Cette démarche représente un processus complexe pour toutes les personnes impliquées.

Dans ce livre, il manque le témoignage de mes parents adoptifs et celui de ma mère biologique. L'image trop unilatérale de mon expérience ne présente qu'une des facettes de ce prisme complexe.

9. « Réunification »

> La réunion entre le parent biologique et l'enfant est susceptible d'apporter de l'oxygène. Elle est ressentie comme une seconde naissance, même s'il ne s'agit pas d'un conte de fées. Les quêtes sont difficiles. Tout le monde souffre. L'enfant adopté peut paraître ingrat et ne semble pas toujours se soucier des sentiments éprouvés par ses parents adoptifs. Il n'est pas rare que les émotions douloureuses nées de cette première séparation soient niées. « Il a pourtant des parents adoptifs qui l'aiment. » « Il vit pourtant dans une belle maison… » Les parents adoptifs craignent de perdre « leur enfant » tandis que la mère biologique redoute le rejet. Pourtant, je suis convaincue que cette réunion est susceptible de permettre la guérison, à condition que tout le monde soit reconnu et soutenu dans ses émotions. En effet, les blessures sont toujours à vif et le chagrin non traité et la colère qui en découle paralysent la relation, ralentissant ainsi les processus de deuil et de guérison.

Ma mère biologique m'a recherchée et trouvée, mais a été incapable de gérer nos émotions respectives. Elle avait été profondément meurtrie et a réagi, elle aussi, comme un enfant blessé. Elle se sentait comme une intruse. Elle m'a quittée une seconde fois. Je me suis à nouveau sentie abandonnée, « consciemment » cette fois. Ça a été dévastateur pour moi, car j'y voyais la confirmation que je n'étais pas une personne de valeur. Qu'elle préférait vivre loin de moi.

Peu de temps après notre « rupture », elle a donné naissance à un autre enfant, ce qui a été un nouveau drame pour moi.

Mes parents adoptifs se sentaient menacés, un peu comme s'ils étaient rejetés. Je ressentais une douleur indéfinissable. Je me sentais coupable de tout ce qui s'était passé.

Tout cet enchaînement de réactions émotionnelles aurait dû être supervisé par des spécialistes. On peut en sortir victorieux et plus fort, mais aussi plus démuni et affaibli. Guérison ou nouveau traumatisme. Dans mon cas, l'impact des articles de presse parus dans *Voici*, alors que j'étais encore à l'université, a accentué ce traumatisme.

10. Le bouquet

Parfois, il me semble que je n'« appartiens » à aucune sphère affective. Ni à celle de mes parents adoptifs, par manque de véritable fusion génétique avec eux, ni à celle de mon père biologique, puisqu'il a vécu sa vie sans jamais croiser mon chemin, ni à celle de ma mère biologique, puisqu'elle a construit une nouvelle famille à laquelle je ne suis pas vraiment intégrée.

Une de mes thérapeutes a eu ces phrases merveilleuses : « La beauté de ton histoire est que tu es un bouquet auquel chacune de ces personnes a contribué. L'essence même de ton être a été générée par l'amour que tous ces gens t'ont donné. Ton identité complexe trouve sa source dans ces rencontres successives. Tu n'es pas un enfant adopté ou un enfant biologique. Tu es la conjonction des trois familles : Bocquet, De Vleeschauwer, François. »

Mes parents biologiques m'ont cédé mon patrimoine génétique. Je suis la moitié de ma mère et la moitié de mon père. Longtemps, mon adoption a plané comme une ombre. Elle provoquait en moi un sentiment de honte, comme si je ne pouvais être « à la hauteur ». Maintenant, j'apprends à être fière de mes gènes.

L'éducation que m'ont donnée mes parents, des personnes honnêtes et fiables, m'a apporté les bases fondamentales d'une indispensable échelle de valeurs.

L'intelligence de ma mère, sa profonde sensibilité née des épreuves et des blessures qu'elle tente toujours de surmonter m'ont aidée à élucider des questions existentielles et à façonner ma « perception de l'indicible ».

La personnalité de mon père m'est apparue enfin. J'ai appris, pas à pas, à la découvrir. J'ai appris à l'aimer. Par ma mère, par ses proches, par ses fans. Davantage et surtout à travers moi-même. Après tout, il fait partie de moi.

Le cercle familial pourrait idéalement devenir parfait par le biais d'une reconnaissance de la famille de mon père. Mais, dès à présent, me voir reconnue et confirmée comme étant la fille de Claude François grâce au test génétique m'apporte une précieuse paix intérieure…

Épilogue

C'était un amour qui n'était pas autorisé à exister…
Un enfant qui n'était pas autorisé à naître…

Je peux maintenant cesser de me battre pour cela.
Je suis là…

Je me sens enfin connectée à mon père biologique.
Je l'ai reconnu.

Je suis à la recherche d'une proximité avec ma mère biologique.
J'espère qu'elle pourra guérir de nos blessures.

Je suis entourée de mes parents adoptifs,
Qui ont choisi de m'adopter et ont fait le maximum pour moi,
Qui n'ont jamais renoncé.

J'essaie de faire du bien à mes propres enfants.
J'essaie de les élever sans secrets,
En liberté.
Elles savent qui je suis, dans toutes mes émotions.
J'espère qu'elles sont conscientes que mon amour pour elles est infini…

À E.

J'ouvre les yeux et je te vois allongé à mes côtés…

Peu importe à quel point notre chemin fut difficile, parfois même encore aujourd'hui, l'amour progresse et en sort vainqueur. Je m'étonne toujours de la profondeur que peut atteindre l'amour…

Comme j'aime te contempler et réciproquement…

Tu m'as extraite de l'ombre. Tu m'as fait réaliser à quel point il est important d'être considéré, apprécié et aimé.

J'ai appris à juguler ma peur, à la contrôler. J'ai appris à avoir foi en l'amour. L'amour est tout sauf une possession. C'est savoir qu'il surmontera les épreuves, qu'il pourra se faire discret un moment et rejaillir ensuite de plus belle pour étinceler de mille feux.

Je continue à croire que l'amour est le nectar de la vie. Il existe sous tant de formes, de parfums et de nuances... Nous existons à travers le prisme de l'amour. Ne cessez jamais de le débusquer, de toutes les manières possibles grâce à ceux qui croiseront votre chemin, de le capturer, de le recueillir en vous, de le cultiver... Lui seul possède le don d'ouvrir nos cœurs et de nous rendre heureux.

L'amour est l'unique réponse.

Remerciements

Merci à France Jabé.
Elle a su me soutenir tout au long de cette quête, tout au long de l'histoire. En m'écoutant, avec toute sa sensibilité et sa compréhension. En m'encourageant, mettant mon droit d'exister en valeur. En me traduisant, avec le cœur.

Que toutes les personnes qui m'ont apporté leur aide précieuse au cours de ce long et douloureux périple soient infiniment remerciées. Mes grands-parents, mes parents, ma mère, mon père, ma demi-sœur S., mon demi-frère B., ma famille, mes amis, mes collègues, les fans de mon père…

Imprimé en Octobre 2018, sur les presses de V.D. (Temse).